試合に勝てる！
卓球の新しい教科書

基本テクニックから戦術まで
実戦に役立つ極意を詳解！

元全日本女子監督／サンリツ監督
近藤 欽司
● Kinji Kondo

日本文芸社

はじめに

性別・年齢に関係なく楽しめるスポーツ

卓球の楽しい面と難しい面

　2016年リオデジャネイロ五輪の男子シングルスで水谷隼選手が日本初の銅メダルを獲得。男子団体でも史上初の銀メダル、女子団体は銅メダルに輝きました。そのシーンはテレビでも放映され、卓球の緻密さやダイナミックさ、スピード感をご覧になった方も多いでしょう。

　さらに、2017年世界選手権ドイツ大会の混合ダブルスで石川佳純選手／吉村真晴選手ペアが優勝。男子ダブルスでは森園政崇選手／大島祐哉選手ペアが準優勝、丹羽孝希選手／吉村真晴選手ペアが3位に入り、女子シングルスでも平野美宇選手が3位と大きな注目を集めました。こうしたトップ選手の活躍から、「卓球とはこんなに激しいスポーツなのか」と、いままで卓球に関心のなかった方たちが話題に出すくらい、卓球がブームになっていると感じます。

　それがきっかけで「卓球をやってみよう」、「昔やっていたから、またやってみようか」という人も増えているのではないでしょうか。本書は、そういう方たちが卓球への導入として役立つように企画しました。卓球は楽しい面と、難しい面があります。本書を通して、そういったことを伝えられればいいと思います。

　卓球は性別年齢に関係なく、プレーできるスポーツです。競技者として勝利を目指し、厳しい練習を積むのもいいでしょう。また、健康や友達づくりのためにラケットを握るのもいいと思います。卓球のおもしろさは、その人の考えで決まるのです。体にそれほど負担になる競技ではありませんので、試合に勝つことを目標にするだけでなく、いろんな目的で卓球に親しんでもらえたらいいと思います。

　初歩段階では、やはりラリーを続けていくことが楽しみになるでしょう。「昨日は50回しか続かなかったけど、今日は60回続いた」など、回数によって自分の成長度合いがわかるのが楽しいですよね。

　また、たとえばサーブやスマッシュなど、新しい技が安定的に入るようになってくるという喜びもあると思います。試合という勝ち負けを争う中で、負けることもありますが、勝つ喜びも味わえるでしょう。いままで知らなかった人とダブルスを組んで、それがきっかけで友達ができるということもあると思います。そういったことも含めて、すべて卓球の良さだと思います。

卓球は予測のスポーツ

　競技としての卓球を見た場合、ラリーのスピードが特筆すべき面です。きわどい試合の中で戦術を立て、それがうまくいって勝利したということもおもしろさの一つです。トップ選手たちは目にもとまらぬスピードの中で攻防を展開するわけですから、卓球は「予測のスポーツ」なのです。予測が当たる、あるいは相手の予測を推理して外すという、知的な部分が大切になってきます。

　相手が打ってから、飛んでくるボールを見て対応していたのでは遅くなります。相手の構えた体勢、あるいはラケットの位置でどこにボールを打つか、どういう技を使うかを、予測するわけです。また、予測すると同時に打つ方向をとっさに変える、それによって相手が予測したことが外れます。相手の予測どおりに打っていたら、相手に思うように打ち返され、自分は追い詰められてしまいますから。これは高度な部分になりますが、そういうことも必要な競技です。

たとえば、野球の投手と打者の駆け引きを考えてみましょう。お互いに相手を観察して、ピッチャーは打者の得意なコースや球質を、どこで待っているのかを考えます。打者のほうもピッチャーの配球や、得意なボールは何かという情報を入れて打席に立つわけです。そういった投手と打者の駆け引きは、卓球も同じなのです。

点数は取ったり取られたり

そのことを踏まえて、卓球とはどのような競技かというと、試合でたとえて考えるとわかりやすくなります。

試合では、必ずどちらかに点数が入ります。たとえばAとBが試合をして、Aが1ゲーム11対9で勝ったとします。その11本の中身は全部自分が取った点数ではなく、相手が簡単なミスをして自分の点数に入る場合もあるわけです。9本取られた中にも、相手の特徴的な攻めで取られたという点もあれば、自分がサーブミスをしたり、相手が何もしていないのにミスをし与えた点数もあります。そういうことも含めていうと、卓球は点数を自分が取ったり、相手に取られたり、もらったり与えたりしながらゲームが進んでいくという競技なんです。

では、練習はどうすれば良いかというと、点を取る部分を高める練習は当然必要です。自分のサーブから3球目、5球目で先手を取って連続攻撃をしていく。これは基本的な「得点力」ですね。それから、いくら点を取っても、それ以上に点を取られては勝てないわけですから、取られる部分を

少なくする「対応力」の練習も必要です。相手も得点力がありますから、それをいかに防ぐか、失点を減らす部分ですね。

だから、練習の基本は「得点力」を高めるか、「対応力」を高めるか、これが大きな柱になります。

単純なミスを減らして、粘り強くするというのも必要ですが、甘いコースに打って相手に打たれたらいけませんから、コースをついたり、強くは返さないけれども、安定して低く深く返すという部分も練習のテーマとして必要です。この3つが、練習の大きなテーマになります。

あとは精神的な部分も、卓球は競技の中ですぐに出ます。練習ではすごく強いけど、試合になると弱い、力が出せないという選手もいます。まさに精神的な部分の粘り強さや冷静さ、あるいはプレッシャーに対する準備が足りないと、そういうことになってしまいます。

これから本書では戦型、用具やそのメンテナンス、基本技術、練習方法を紹介していきます。さまざまなことを含めて、卓球を楽しんでもらえたら幸いです。

002 | はじめに

第1章
◎戦型を知る

010 | 戦型とは
012 | A型　パワーボールで勝負するタイプ
014 | B型　ラリーで点を取っていくタイプ
016 | C型　異質ラバーで勝負するタイプ
018 | D型　チャンスには攻撃もするカット型
020 | 第1章まとめ

第2章
◎用具の基礎知識

022 | ラケット
026 | グリップ
028 | ラバー
032 | ウェア
033 | シューズ
034 | 第2章まとめ

第3章
◎グリップと基本姿勢

036 | シェークハンドのグリップ
038 | 基本姿勢
040 | ボールになじもう
042 | 第3章まとめ

CONTENTS

第4章
◎技の種類

044	卓球のラリーとは
048	技の感覚
052	技の役割
054	技の種類
058	技のサイズ
060	フォアハンド①　ロング
062	フォアハンド②　ドライブ
064	フォアハンド③　スマッシュ
066	バックハンド①　ショート
068	バックハンド②　ドライブ
070	バックハンド③　プッシュ
072	バックハンド④　ブロック
074	バックハンド⑤ 安定したツッツキ
076	バックハンド⑥ 攻撃的なツッツキ
078	強ドライブ　フォアハンド
080	強ドライブ　バックハンド
082	台上プレー①　ストップ
084	台上プレー②　フリック
086	台上プレー③　チキータ
088	打球点を意識する／技によって異なる打球点
090	台との距離／体との位置関係
092	ボールの打球面と回転
094	第4章まとめ

第5章
◎サーブ&レシーブ

096	サーブの目的と効果
098	サーブのルールを知る
102	回転をかけるコツ
104	回転の種類を変える
106	フォアハンドのサーブ① 下回転サーブ
108	フォアハンドのサーブ② 右横下回転サーブ
110	フォアハンドのサーブ③ しゃがみ込みサーブ
112	バックハンドのサーブ 左横下回転サーブ
114	複数の構えからサーブを出す
116	3球目から逆算してサーブを出す
118	相手のサーブを見極める
120	「近」・「短」・「速」でレシーブする
124	レシーブの方法
126	第5章まとめ

CONTENTS

第6章
◎基本練習（フットワーク練習）

128	実戦に役立つ基本練習とは
130	フットワーク練習①　フォアハンドの左右の動き
136	フットワーク練習②　フォアハンドとバックハンドの切り替え
140	フットワーク練習③　ミドルと両ハンドのコンビネーション
144	フットワーク練習④　オールコートでの動きと対応
146	第6章まとめ

第7章
◎システム練習

148	システム練習の考え方
150	A型①　得点力を高める練習
152	A型②　得点力を高める練習
154	A型③　対応力を高める練習
156	B型①　得点力を高める練習
158	B型②　対応力を高める練習
160	C型①　得点力を高める練習
162	C型②　対応力を高める練習
164	D型①　得点力を高める練習
166	D型②　対応力を高める練習
168	第7章まとめ

第8章
◎指導者の役割

174	おわりに

第1章
戦型を知る

卓球にはさまざまな戦型、つまりプレースタイルがあります。積極的に攻撃して点を取るタイプ、ラリーに持ち込んで点を取るタイプ、異質ラバーを使い球質の変化で勝負するタイプ、カットマンのように守備中心のタイプと、大きく4つに分類できます。自分の特徴に合わせた戦型でプレーすることができるのも、卓球の魅力といえます。ここでは、それぞれの戦型の特徴について紹介しましょう。

第1章 ● 戦型を知る

戦型とは
せんがた

わかりやすく4つに分類

　戦型とはプレースタイルのことで、わかりやすく4つのタイプに分けています。まだ卓球を始めたばかりでは、自分がどの戦型に適しているのかわからないでしょう。ですから、要約すると、「A型」「B型」「C型」「D型」というタイプがあるのだということです。その人の身長や、望んでいる卓球のスタイルにも関係してきます。

　たとえば、バレーボールなら身長の高い選手はアタッカーで、身長は高くないけれども動きの速い選手はレシーバーやトスを上げるセッターと、それぞれ役割があります。野球にしても、ホームランバッターとアベレージヒッターでは役割が違ってきますね。大切なのは、自分の目標とするスタイルは何かという位置づけです。

　では、それぞれの戦型は、どのようなタイプなのでしょうか。ここでは大まかに紹介しましょう。まず、A型はフォアハンドまたはバックハンドの威力で点を取るパワーヒッターです。B型はラリーの中のコースや球質の変化で点を取るタイプ。C型はフォア面とバック面で性質の違うラバーを使用しやりにくさで勝負する、いわゆる異質型というタイプですね。そして、D型は守備型のカットマンという4種類です。そして、使用するラバーも、それぞれの戦型によって変わってきます。

4つの戦型に共通しているのは、サーブ＋3球目の攻撃が重要であること

卓球には選手の特徴に合わせて4つの戦型がある

　この4つの戦型に共通した戦法というのは、サーブ＋3球目の攻撃なのです。サーブ3球目攻撃はどの戦型も必要な戦法で、A型よりも必要の度合いは少なくなりますが、B型にも重要になってきます。いまはそういう時代になってきています。

　卓球というのは守りの難しい競技なので、みんな先に有利な状況をつくりたいわけです。レベルが上がってくると、守りを固めて打たせて点を取る、攻めさせて逆に攻め返すという戦法もあります。しかし、基本的には先手率を高くしたいということです。

　次のページからは、各戦型について具体的な特徴を紹介していきましょう。

第1章 ◉ 戦型を知る

A型

パワーボールで勝負するタイプ

　A型はボールの威力で点を取ろうというパワーヒッターです。いわゆるフォアハンドの強ドライブやスマッシュなどで積極的に攻め、一発の威力で相手を仕留めるようにしていきます。つまり、相手に甘いレシーブをさせ、ラリーの3球目や5球目で、早めに決着をつけにいくのです。

　A型は3球目で強打をするため、サーブのレベルを上げることが重要で、たとえばボールの下側をこする下回転のサーブを出し相手にツッツキのレシーブをさせ強打していくわけです。

　しかし、戦型が違うのに、意外と同じようなサーブを出している人が多いのです。どのようなサーブを出せば自分の特徴を発揮しやすいか、わからないからでしょう。自分が3球目攻撃で嫌なレシーブを相手がしてくるサーブは、得点にもつながりにくくなってしまいます。だから、練習と試合が結びついていないということなのです。戦型によって、サーブの種類も変わってきます。自分の目指すスタイルによって、サーブから流れがすべて変わってくるということを頭に置いておきましょう。

　A型は一発で決めにいくわけですから、長くラリーを続けてしまうと、良さが消えてしまいます。ところが、相手は得意なことを使わせない戦法を取ってきますから、自分の得意な部分、つまりフォアハンドの強打を出すためには足の動きが重要になってきます。大きな速い動き、スタミナが必要になってきます。フットワークが重要視される戦型なので、「自分は動きや反応が少し遅い」という選手には向かない戦型になります。

　次項以降で触れますが、戦型によって用具も練習内容も違ってきます。戦型、用具、練習内容は一つのセットなのです。

　A型が使用するラバーは、最近ではボールの威力を出しやすい裏ソフトラバーです。回転がかかりやすく弾みの強いラバーとラケットを使います。

今回の実技を務めた森園美月選手はA型

B型

ラリーで点を取っていくタイプ

　B型はA型と比較すると、ボールの威力より、ラリーで点を取ろうというタイプです。積極的に攻めていくのではなく、ラリーの回数を続け、相手のミスを誘っていきます。そのために、ボールに緩急をつけたり、球質に変化をつけていきます。

　当然、このB型は守りが重要で、ミスが多くなると勝てません。したがって、粘り強さ、安定性が必要になってきます。

　ラリー型は、「卓球台との距離」の項で触れますが、中陣と前陣の2つの位置くらいでプレーすることになります。

　野球にたとえると、ホームランバッターではありません。内野と内野の間を抜くヒットを打つタイプです。B型は強打よりコンパクトに振るスイングが中心で、強打の練習をしていたのでは、練習と試合が合わなくなります。レシーブやブロックの強化、ラリー中の球質の変化ができるような練習が重要になってきます。

　また、B型は、早く前進回転（92～93ページ参照）のラリーに持ち込んだほうが自分の特徴を出しやすいので、サーブも相手が下回転のレシーブができないような上回転系のサーブを多く出すのです。

　ミスを少なくするため、ラバーは両面に裏ソフト（28～31ページ参照）を貼ることが多いです。

2017年世界選手権混合ダブルス優勝の石川佳純選手がB型
写真：日本卓球株式会社（Nittaku）

C型

異質ラバーで勝負するタイプ

　C型はラケットのフォアハンド面が裏ソフト、バックハンド面が表ソフトの、いわゆる異質ラバー型というタイプです。2016年リオデジャネイロ五輪女子団体3位の日本代表メンバー、伊藤美誠選手などがこのタイプになります。

　C型の特徴は、フォアハンドの裏ソフトとバックハンドの表ソフトで打つボールの球質が、違うわけです。裏ソフトはボールに回転をかけやすいですが、表ソフトは回転はあまりかからず、球離れが速くボールにスピードが出やすいのです。

　相手にしてみると、球質の違うボールが随時飛んできますので、そのボールを打ち分けなければならなくなります。このように球質の変化で相手のミスを誘ったり、ラリーを有利に進めていくのです。

　このタイプは、バックハンドの技の種類で相手に強打をさせないようにして、フォアハンドで仕留めていくということになります。

　バックハンドの表ソフトは卓球台から離れてしまうと、威力のあるボールは出せません。ですから、なるべく台の近くで打球点の早い卓球が必要です。速さに加え、相手にとっての"やりにくさ"を求めていくスタイルといえます。

　A型は男子選手は多いのですが、このC型に男子選手は少なく、女子選手が多いですね。

2016年リオ五輪女子団体銅メダルのメンバー、伊藤美誠選手はC型
写真:日本卓球株式会社 (Nittaku)

D型

チャンスには攻撃もするカット型

　D型は下回転を中心に返球するカットマンです。近年、カット型もスタイルがだいぶ変わってきました。以前は守備が8〜9割で、攻撃が1割や2割という選手が多く、粘って粘って、チャンスがくれば攻撃していくというタイプでした。

　ところが、いまはカットマンでも攻撃を増やさなければ勝てない時代になり、3割くらいは攻撃をするようになりました。攻撃型と同じくらい、サーブから3球目攻撃、カットをしていて、積極的に攻撃を間に入れていくという時代になっています。攻撃できるボールを待っているのではなく、自分から攻撃できるボールをつくっていくのです。代表的な選手は、女子では石垣優香選手です。

　D型はフォアハンドの面が裏ソフトで、バックハンドには粒の高い粒高という表ソフトのラバーを多く使っています。この粒高のラバーというのは、相手のドライブボールの回転を利用して返球できる特徴があります。相手にしてみれば、ボールにすごい回転がかかってきますから、持ち上げられず、ネットミスしてしまうのです。

　また、ラリー中にラケットを回転させ、バックハンド面の粒高をフォアハンドで使ったり、サーブのときだけ裏ソフトの面でバックハンドサーブをしたりと、変幻自在なこともします。回転量が微妙に変わると、相手はネットミスをしたり、オーバーミスをしてしまうのです。

世界選手権に出場したこともある石垣優香選手がD型
写真：日本卓球株式会社（Nittaku）

第1章まとめ

自分の特徴に合った戦型でプレーする

　卓球には自分の特徴に合わせ、大きく分けて４つの戦型があることを理解していただけたと思います。ボールの威力で勝負するＡ型、ラリーで点を取るＢ型、性質の違うラバーでボールの球質を変えやりにくさで得点するＣ型、カット主戦であるが積極的に攻撃も入れていくように変わってきたＤ型。そこには、ラケットやラバーという用具も密接に関係してきます。

　自分の特徴に合った戦型でプレーできるのも、卓球の大きな魅力です。これから卓球を始める人は、まずＢ型の「ラリーで勝負するタイプ」をめざすのがいいでしょう。シェークハンドのラケットで両面に攻撃用の裏ソフトラバーを貼り、しっかりラリーを続けてミスを減らすようにしていきましょう。これを目標にして取り組むのが、のちにほかの戦型でプレーすることにも役立ってくると思います。

　「ラリーで勝負するタイプ」をめざして取り組んだあと、自分の身体的、精神的な特徴をふまえ、ほかの戦型にもチャレンジしてみましょう。

　そして、どの戦型もサーブから３球目の攻撃が重要であることも忘れてはいけません。また、サーブは次のラリーに大きく関係します。自分の特徴を出すためのサーブを心掛けていきましょう。

第2章
用具の基礎知識

ラケット、ボール、ラバー、ウェア、シューズと、卓球ではさまざまな用具を使用します。そして、それらは非常に重要です。自分の技術レベル、戦型に合わせたものを選ばなければなりません。ここでは、それぞれの用具について解説しましょう。

資料提供：日本卓球株式会社（Nittaku）

ラケット

シェークハンドとペン

　卓球はラケットとボール、卓球台の3点セットが絶対に必要です。ここでは、ラケットについて紹介します。
　ラケットは多くの種類がありますが、大きく分けてシェークハンドラケットとペンラケットの2つです。そして、ペンラケットには日本式と中国式の2つがあります。

　シェークハンドは1種類ですが、重さや材質が重要になってきます。より高い反発力の高いラケットも登場してきましたが、卓球は、ボールがただ飛べばいいという競技ではなく、相手のコートという限られたエリアに入れなければなりません。ボールが飛びすぎると難しいわけです。ですから、

■ボール

プラ 3スター プレミアム（Nittaku）　公認球

直径40ミリ、重さ2.7グラムが公式球です。質によって試合用（公認球）と練習用に分けられます。

◆ラケットはグリップやブレード(打球面)の形状によって分類されます。主なラケットの種類を紹介しましょう。

自分の力でコントロールできるラケットを選ぶようにしましょう。

また、シェークハンドのラケットを選ぶときも、攻撃型と守備型(カットマン)では少し違ってきます。守備型は、相手の威力あるボール吸収しないといけないので、あまり飛ばないラケットにします。球離れの早いラケットを使ってしまうと、安定性がなくなってしまうのです。逆に、攻撃型は吸収しすぎてしまうと威力を出せなくなります。攻撃型と守備型ではこのように違いますので、ラケットを選ぶときは気をつけましょう。

■シェークハンドラケット

握手をするようにグリップを持つことから、この名前がついています。両面にラバーを貼り、現在の主流ラケットで多くの選手が使用しています。攻撃型と守備型があることも特徴です。

一方、ペンラケットの特徴は、フォアハンドの威力がシェークハンドより出しやすいということです。ですから、フットワークが優れていて、バック側も回り込んでフォアハンドで打つ、フォア側も飛びついて打つという人にはペンラケットが向いているでしょう。

　以前はペンラケットもフォア面だけにしかラバーを使わず、バック側にきたボールもフォア面を使っていました。しかし、卓球も近年は進化して速さを要求されますので、フォアハンドだけだと動いて間に合わなくなってしまいます。ですから、フォア面とバック面にラバーを貼って、裏面打法という、シェークハンドと同じようにフォアハンドとバックハンドを使う戦型も中国

■日本式ペンラケット

ペンを持つようにグリップを握るラケットで、以前は日本国内でも多く使われていました。片面だけにラバーを貼って使用することが多いラケットです。

[ラケット]

選手から出てきました。

とはいえ、ペンラケットを使う選手はほとんどいなくなっています。子供の頃から始めるなら、両面を使って打つシェークハンドを使うほうがいいでしょう。

そして、ラケットには単板と合板があります。単板というのは1枚の板でつくったラケットで、球離れもよくて音もいいですね。合板は真ん中の板が硬くなって、外にいくにしたがって、少しずつ柔らかい板を組み合わせています。最近では5枚合板のラケットが一般的です。

卓球というのは、攻撃だけでなく守備も必要な競技です。同じ用具で攻めと守りの2つをこなすわけですから、そのバランスが使う選手に適していることが重要です。

■中国式ペンラケット

シェークハンドラケットのグリップが短くなったような形状です。日本式ペンラケットと同じように、ペンを持つようにグリップを握ります。両面にラバーを貼って使用することが多いラケットです。

グリップ

● シェークハンドラケット ●
小指と薬指で持つイメージ

● バック
人指し指、中指は軽く添える程度でリラックスし、インパクト時に力を入れます。

● フォア
小指、薬指の2本でしっかり握ります。

● 日本式ペンラケット ●
親指と人差し指はくっつけない

● バック
小指はラケットにつけないようにします。

● フォア
親指と人差し指はくっつけないで、均等に力を入れます。

◆シェークハンドラケット、日本式ペンラケット、中国式ペンラケットにはそれぞれグリップの握り方があります。基本的な握り方を紹介しましょう。

中国式ペンラケット

親指と人差し指の間隔はやや広め

●バック
小指はラケットにつけないようにします。

●フォア
親指と人差し指はくっつけないで、均等に力を入れます。

自分に合ったラケットを選ぶ

アミン (Nittaku)

軽くてボールコントロールがよく、さまざまな技術をマスターする初心者用のラケット。

アコースティック (Nittaku)

幅広い層から支持され、トップ選手も使用している高性能なラケット。

ラバー

自分に合ったものを選ぶ

　ラバーはゴムの質、スポンジの厚さなどで、多くの種類があります。「第1章」でも触れましたが、戦型によってラケットに貼るラバーも変わってくるのです。大きく分けて、「裏ソフトラバー」「表ソフトラバー」「粒高（ソフト）ラバー」の3つの種類があります。

　そのなかで、スポンジの厚さと硬さが重要になってきます。スポンジの硬度もさまざまなものがあって、柔らかければボールが食い込みますから、回転をかけやすくなるわけです。ラリー型や守備型の選手は、柔らかめのラバーを使います。その一方で、柔らかいラバーはボールの威力が出にくくなるので、威力を出したい攻撃型の選手は硬いスポンジのラバーを選択することになります。

　スポンジは厚くなればボールにスピードが出ますが、逆にコントロールは難しくなります。また、重くなるので、ラケットを振りにくくなるのです。卓球はボールにスピードが出ればいいというものではありません。自分の技術や、めざす戦型に合わせたものを選びましょう。

　では、それぞれのラバーの特徴を紹介していきましょう。

ラケットの打球面に接着剤で貼りつけてあるラバー

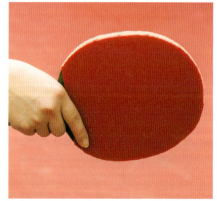

◆ラバーはゴムでできていて、「シート」と「スポンジ」の組み合わせによって分類されます。自分の特徴に合わせたラバーを選びましょう。

　まず、「裏ソフトラバー」は表面が平らで摩擦力が強いので回転がかけやすく、反発力も出やすいラバーです。卓球はボールの回転が重要な競技ですので、サーブやドライブで前進回転をかけたり、あるいはカットで下回転をかけたりします。そういったプレーがしやすいラバーです。反発力を重視したもの、回転量を重視したもの、攻撃用や守備用など、さまざまな種類があり、攻撃型の選手を中心にもっとも多く使用されています。

● 裏ソフトラバー ●
攻撃型を中心に広く使用

表面が平らで摩擦力が大きく、回転がかけやすいラバーです。

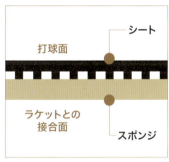

次に「表ソフトラバー」ですが、これは粒が表に出ているので球離れが早くなります。つまり、ボールにスピードが出るわけです。裏ソフトラバーに比べてボールの回転量は少なくなりますが、相手の回転の影響も受けにくくなります。速いラリーで勝負する選手が使うことが多いですね。

そして、表ソフトラバーにはもう一つ「粒高（ソフト）ラバー」があります。これは、普通の表ソフトラバーより粒が細く高いラバーになります。どのように違うかという

と、粒が低いと反発力があり、粒が高いと反発力が弱くなりますが、回転のかかったボールで攻撃されたとき、それを受け止めて逆回転で返球することができます。それが、相手にとって打ちにくくなるわけです。

このように、ラバーも自分の特徴に合ったものを選ばないといけないのです。ただ、初心者は何を使えばいいのか、よくわからないでしょう。最初はあまり厚くなく、硬くない、どの技術にも使えるラバーを選ぶといいと思います。

● 表ソフトラバー ●

速いラリーで勝負するタイプ

表面に粒が出ているので球離れが早く、ボールにスピードが出やすいラバーです。

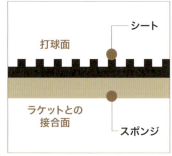

[ラバー]

＜ラバーのメンテナンス＞

ラバーは使っていると、徐々に表面の光沢がなくなってきます。ですので、使用後のメンテナンスが大切なのです。市販されているクリームを使うのも一つの方法ですが、なければ練習後にティッシュペーパーを濡らして拭きましょう。粒が表面に出ている表ソフトラバーは、粒の間にほこりがたまってきます。ですから、いらない歯ブラシで粒と粒の間をブラッシングするといいでしょう。こうしたメンテナンスをすることが、ラバーを長続きさせることになります。

● 粒高（ソフト）ラバー ●

ボールの変化で勝負するタイプ

表面の粒が高く、相手のかけてきたボールの回転を逆回転に変化させて返球できるラバーです。

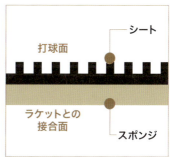

ウェア

吸湿性に優れたものを選ぶ

　いよいよ試合に臨むときには、ウェアを準備することになります。地区レベルの大会は別として、全国大会の予選などの正式な大会は「JTTA（公益財団法人日本卓球協会）」公認のウェアを着用しなければなりません。また、ダブルスは2人が同じ柄のウェアを着用することになります。

　最近は非常にカラフルでさまざまな柄のウェアがありますが、練習ではこだわることはないでしょう。ただ、卓球はとても汗をかくスポーツなので、吸湿性に優れたウェアを選ばなければなりません。ハードな練習の場合、1時間くらいで着替えるようにしましょう。

さまざまな柄のあるウェア
スカイメロディシャツ（Nittaku）

バックスタイル

シューズ

卓球の動きに合わせたものを選ぶ

　卓球というのは、俊敏性が要求されるスポーツです。そのなかには、大きな動きも小さな動きもあります。そんな卓球の動きに合わせたシューズを選びましょう。

　また、日本の体育館はだいたい木製の床で弾力がありますが、試合会場がコンクリートのように硬い床の場合もあります。ですから、クッション性の高いシューズを選んでおくほうがいいでしょう。

　そして、シューズはソール（靴底）が命なのです。ソールがタイヤのようにすり減っていては、動いたときに滑ってしまいます。それでは試合はもちろんのこと、練習でも正しいプレーができません。シューズの上側が傷んでいなくとも、ソールがすり減っていたら取り換えましょう。

卓球の動きに合わせたシューズ
ホープアクト（Nittaku）

第2章まとめ

自分の技術レベルに合わせる

　用具は卓球において非常に重要なものです。一流プレーヤーが使っているから、自分も使いたいという人もいます。しかし、価格の高いラケットがいいというわけではありません。初心者や経験の少ない人は、ボールが飛びすぎる高性能なラケットは、使いこなすのが難しいからです。軽めで、自分の力でコントロールできるラケットを選ぶようにしましょう。

　そして、ジュニア選手は成長過程で身長も高くなってきますし、トレーニングの成果が出てくれば身体能力も上がっていきます。それに合わせて、自分の技術レベルに合ったラケットを選んでいくことです。

　ラバーにしても、まずは特殊な技術に適したものではなく、どの技術にも使えるものを選びましょう。ラバーの厚さや硬さは、違うものを使っている友人のものを試してみたり、専門店で相談して選ぶのもいいと思います。用具は重要な要素になってくるということを覚えておいてください。

自分の力でコントロールできるラケットを選ぶ

第3章
グリップと基本姿勢

　グリップはプレースタイルに大きな影響を与えるので、たいへん重要です。さまざまな技術を身につけるうえで、正しいグリップを覚えましょう。そして、すべてのプレーは基本姿勢から始まります。前後左右にすばやく動けるような基本姿勢をとりましょう。また、ボールを打つ感覚を養うために、たくさんボールに触れおくことが大切です。

シェークハンドのグリップ

小指と薬指だけで握って、ほかの指は力を抜いて余裕を持っておきます。

これはダメ！

グリップを深く握りすぎたり、親指でラケットを支える握り方はやめましょう。

◆グリップはラケットの握り方、持ち方のことです。用具の項でも触れましたが、卓球のラケットにはシェークハンド、日本式ペン、中国式ペンがあります。現在はシェークハンドが主流なので、ここではシェークハンドの正しいグリップを紹介します。フォアハンド、バックハンドともに使うシェークハンドなので、悪いクセがつかないように、正しい握り方を身につけましょう。

裏側は人差し指一本で支えるように軽く置いておきます。

親指と人差し指の中間あたりでラケットをはさむ、またすべての指で握り込む持ち方はいけません。

第3章 ◉ グリップと基本姿勢

基本姿勢

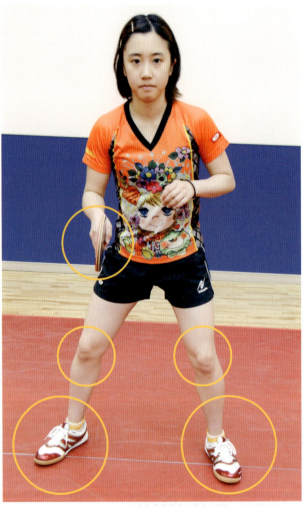

<前>

両足は肩幅より少し広め、つま先は逆「ハ」の字形で少し外を向くくらいにします。両ひざは開き気味に構え、ラケットは腰の高さくらいでリラックスして持ちます。

要注意 これはダメ！
腰とひざが突っ立っていてはいけません。

◆「構え」ともいわれる基本姿勢は、初歩段階ではとても重要です。卓球は敏捷性、連続動作が必要になってきます。大きな動き、中くらいの動き、小さい動き、左右だけではなく前後の動きもできるような基本姿勢をつくっておかなければなりません。基本姿勢からプレーが始まり、プレーが終わったら基本姿勢に戻ります。

<横>

背すじは起こしすぎず、丸めすぎないように。両ひざは力を入れずにゆるめた状態で、両かかとは紙一枚くらい浮かせておきます。腕から先は床に対して平行、もしくは斜め上になるようにします。

要注意　これはダメ！
上半身をかがめすぎる構えもいけません。

ボールになじもう

＜ボールつき＞

❶真上にボールをついてみます。次にフォア面、バック面と交互についてみましょう。慣れてきたら、ボールを高く打ち上げていきます。ラケット角度の調節、力の加減がわかるようになります。

＜羽根つき＞

❷❸2人で向き合い、ボールを床に落とさず羽根つきのように打ち合います。慣れてきたら、間隔を広げて強く打つ感覚も身につけていきましょう。飛距離の調節や、タイミングを合わせる感覚を養うことができます。

◆ラケット角度の調節やボールコントロールを身につけるために、遊び感覚で楽しみながらボールに触れていきましょう。

❷

❸

第3章まとめ

力の配分は「強・弱・強・弱」

　シェークハンドのグリップは、打球するときにフォア面とバック面を大きく変えてしまうと間に合いません。サーブや台上プレーなどのときには握りを少し変えますが、基本的には小指に一番力が入るようにします。

　ところが、初心者は必要以上に親指や人差し指に力が入って、手首が硬くなってしまうのです。それでは柔らかく手首を使うことができません。ボールを打つ瞬間はグリップに力を入れ、すぐに力を抜くようにすることが重要です。打つときに「強」、すぐに「弱」、「強・弱・強・弱」という力の配分をしていくことがポイントです。

　基本姿勢に関しても、かかとを紙一枚くらい浮かせてひざを柔らかくし、少し前傾姿勢ですばやく動けるようにしましょう。

　以前は卓球台に向かって右足の先端が左足の土踏まずくらいに位置する構えが基本でしたが、ラリーが速くなってシェークハンドが主流ですので、バックハンドの打ちやすい右足前か並行足が基本になってきました。スタンスも肩幅から肩幅以上に広くなってきています。

打つ瞬間以外は手の力を抜き、かかとを浮かせてひざを柔らかくし、素早く動けるように

第4章
技の種類

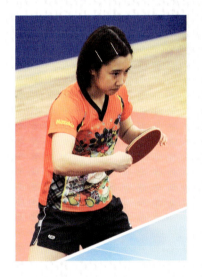

　卓球にはさまざまな種類の技があります。そして、卓球の試合でラリーは長く続いていると思われがちですが、実はサーブを含め打球回数は4回以内に大半が終わるのです。そのことを念頭に置いて、練習を組み立てなければなりません。のちに触れますが、技には大きく分けて7つの感覚があり、目的、スイングのサイズも違ってきます。打球点や台との距離、ボールにかける回転も重要になってきます。相手のレベルが上がってきたときのことも考え、幼少期から難しい技にチャレンジすることも必要です。卓球のラリーの特性を頭に置き、技の練習に取り組んでください。

卓球のラリーとは

5球目、7球目の4回で大半が終わる

3回目のラリーで70～80％は終わる

　卓球の試合は、ラリーが思ったほど続いていないのです。どういうことかというと、自分がサーブをするのが1球目、相手がレシーブをして2球目で、これが1回目のラリーで40％くらい終わります。自分が3球目に打って相手がリターンしてくる4球目の2回目で50～60％のラリーが終わり、5球目が自分の攻撃、相手が6球目に返して3回目、7球目に自分が攻撃し8球目を相手が打球する。これが4回目でほとんどラリーは終わりなのです。これは、データをとってみればよくわかります。

　もっと言えば、3回目のラリーで70～80％は終わりなのです。ただ、1ゲームでだいたい3回くらい、偶然的にラリーが長く続くことはあります。そうしたことから、ラリーが続いている印象が強いのですが、実際はラリーが続くことはそれほどないのです。

　ですから、練習でもそのことを念頭に置いて組み立てなければいけません。多くの人たちは練習の内容がラリー中心になっていますが、それは勘違いです。試合で役立つ練習をしたいのであれば、サーブ3球目やレシーブの4球目、この2回の技の種類、技のレベルを上げる、打球点を厳しくするという練習がとても大事になってきます。

　この4回までのラリーで、どちらが先手攻撃するか、あるいは守勢か、だいたい決まっているのです。ラリーの流れ、一方の有利性ができているわけですね。だから、卓球は先に攻撃したほうが有利で、守りが難しいということなんです。いかに2回で攻勢をつくるのか。サーブ3球目、レシーブ4球目の技のレベルや種類が重要なのです。いろんなところで練習を見ますが、そこに着目していない人が実に多いように思います。

　ラリーを続ける練習をして、試合になったらラリーがそこまでいかない。だから、練習の力が出せないのです。練習の内容が試合に即していないということですね。

　このことに対して、私は「明日英語のテストがあるのに、一生懸命国語の勉強をしているのと同じだよ」と、よく言います。

◆卓球の試合におけるラリーは、大半が4回以内で終わります。図のように、サーブから3球目、5球目、7球目、レシーブから4球目、6球目です。だから、サーブ3球目やレシーブ4球目の技を高めていくことが大切になってくるのです。

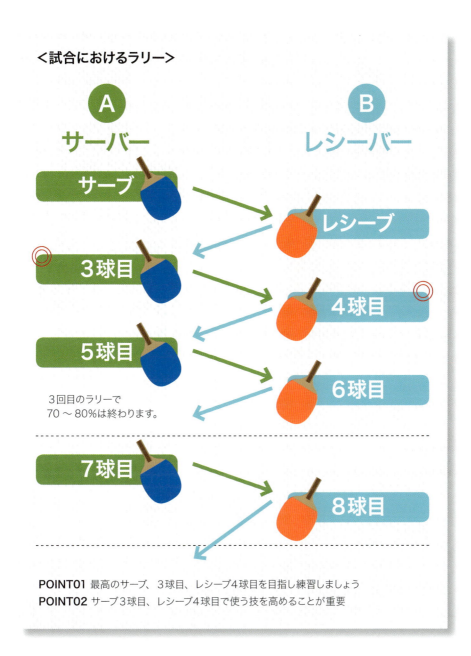

<試合におけるラリー>

3回目のラリーで70〜80%は終わります。

POINT01 最高のサーブ、3球目、レシーブ4球目を目指し練習しましょう
POINT02 サーブ3球目、レシーブ4球目で使う技を高めることが重要

ラリーはサーブから3球目、レシーブから4球目の2回で60～70パーセントが終わる

小さいときこそ難しい技にチャレンジ

ラリーが続き気持ちの良い練習と、試合で役立つ練習は違います。サーブ+3球目、5球目で使う技や動き、レシーブ4球目、6球目で使う技を重点的に練習したほうが試合での効率は良くなります。そこから先は、前進回転のラリーになっています。でも、最初の3回はボールの長さも違う、回転も違う。そういう難しい要素がいっぱいあるわけです。だから、ミスもしやすいわけです。前進回転で、どこに来るかわからないというラリーはそれほど難しくないのです。

しかし、ネット際の浅いボールは、大きなスイングが使えないからつなぎの技で返すと、それを攻撃されてしまうのです。ですから、台上のネットプレーが大事になります。

卓球の試合では、一方がサーブをして、相手がレシーブをミスをするという場面がときどきあります。テレビなどで初めて試合を観た方は、「あれ、なんであんな簡単なミスをするのか」と思われるかもしれません。そこに、レシーブ練習の重要性があるのです。

サーブ3球目、レシーブ4球目の技を高めることが重要

　もう一つ。若い世代を指導している方たちの中には「まだ子供だから、この技は必要ない」という人も多いのです。直近の試合で活躍するために、必要最小限の技術だけを練習して、あとの技術は練習させない。

　しかし、そういうかたちをつくってしまうと、あとから技術を付け足すときにとてもたいへんなのです。たとえば、フォアハンドだけで打ったほうが安定性がありますから、無理して動いてフォアで打つように指導する。ところが、徐々に相手のレベルが上がってくると、どうしてもバックハンドを使わないといけない局面が増えてきます。それからバックハンドで打つ練習をしようとしても、フォアハンドで打つクセがついているから、どうしてもフォアハンドで打とうとしてしまうんですね。

　そういう意味で、初期設定時の練習内容が、あとでとても大事になってきます。だからこそ、小さいときから難しい技にもチャレンジしてもらいたいですね。トップ選手のプレーを見てマネをしたり、自分なりのアレンジを加えて練習していくことが上達へとつながります。

第4章 ◉ 技の種類

技の感覚

大きく分けて7種類

　フォアハンド、バックハンド、ドライブ、スマッシュ、ブロック、ツッツキ打ち、台上プレーと、卓球にはさまざまな技があります。そして、それぞれの技は感覚が違うのです。代表的な感覚としては「こする」、「弾く」、「受け止める」、「相手の回転や威力を利用する」、「流す」、「切る」、「切らない」の7つです。

　安定して相手のコートに入れやすいのはこする感覚、つまりドライブ。決定打を打つときの弾く感覚の代表はスマッシュです。相手が強打してきたとき、強打で返すのはリスクが大きいので受け止める感覚、つまりブロックで打ちます。相手の力や回転を吸収すれば、あまりボールが飛んでいかないので、オーバーミスを防ぐことができます。

　また、相手の回転や威力を利用して打つ感覚は、カウンターという技術で使います。流すというのは、ボールの内側に回転を加え安全に返球する感覚。また、サーブをするとき、回転を加え切る感覚と、同じ動作で切らずに打つこともあります。

　ただ、それぞれの感覚も、厳格にいえばさらに細かく分けられます。たとえば、弾く場合を考えてみましょう。強く弾く場合と中間くらいに弾く、さらには柔らかく弾く感覚があるのです。それぞれの感覚を試してみましょう。

1. こする

ボールをラケットの表面でこするようにして打ちます。ボールは弧を描いて飛んでいくので、安定的に相手のコートに入れやすくなります。

→ドライブ
[62〜63、68〜69、78〜81ページ参照]
強弱をつける

◆ボールをラケットで打つときの技には、大きく分けて7種類の感覚があります。状況に応じて、それらの感覚を使い分けていきましょう。

2. 弾く

ボールを弾くあるいはたたくような感じで打ちます。直線的な軌道でボールは飛んでいきます。

→スマッシュ
[64〜65ページ参照]
決定打

3. 受け止める

相手が強打をしてきたときに、相手の力や回転を吸収するように打ちます。

→ブロック
[72〜73ページ参照]
4球目などで
安定してコートに
入れる場合

4. 相手の回転や威力を利用する

相手のドライブ攻撃に対し、打球が頂点に達する前に、ドライブで返球します。

→カウンター／ドライブ

5. 流す

ボールの内側に回転を加えて打ちます。スピードは出ませんが、安定して相手のコートに入れるときに使います。

→台上プレー

[技の感覚]

6. 切る

サーブなどの際、ボールに回転を加えて打つときに使います。

→回転サーブ

7. 切らない

回転を加えるサーブと同じ動作で、回転を加えないで打つ技術です。

→ナックルサーブ

技の役割

技を組み合わせてプレーする

■フォアハンド
ロング
初歩段階はここから入っていきます。基本的なラリーの練習に使う技です。

■フォアハンド
ドライブ
普通のドライブは前進回転で、山なりの弧を描き安定性が高く、ラリーに向いている技です。

■フォアハンド
強ドライブ
スマッシュとドライブの中間くらいの技です。つなぎのドライブの打球点が頂点を過ぎたあたりですが、強ドライブは頂点付近で打ち、得点につなげます。

■フォアハンド
スマッシュ
威力と安定性が大事になります。チャンスボールにはより威力を出すために、体全体を使い大きなスイングになります。

■バックハンド
ショート
フォアハンドのロングに匹敵する技です。体の正面で安定して相手のコートに入れる基本中の基本です。

■バックハンド
ドライブ
フォアハンドの場合と同様、ボールが山なりになるので、安定してボールを相手コートに入れるつなぎの技です。

■バックハンド
強ドライブ
フォアハンドの強ドライブと同様に、攻撃的な技です。打球点は頂点付近で、安定性とスピードを持っています。最近では必要度が高まっています。

◆卓球には、さまざまな技（ボールの打ち方）というものがあります。試合では、技の感覚を使いながら、それぞれの技を組み合わせていくのです。具体的な技の指導に入る前に、ここでは技の役割を紹介しましょう。

■バックハンド
プッシュ

ショートの延長線上の技術で、ボールに当たるときの力を強くします。仕掛けたり、チャンスをつくったり、決めるときに使う技です。

■バックハンド
ブロック

卓球は守りが難しい競技なので、ミスが出やすくなります。ボールタッチを柔らかくして相手の攻撃を受け止めます。また、ブロックも守りだけでなく、攻撃的なブロックもあります。ただ、これは相手に攻めさせ、逆に攻め返すという非常に難度の高い技になります。

■安定的ツッツキ

ボールに下回転をかける技術です。相手が下回転のサーブを出してきたとき、ミスなく安定的に返す技です。

■攻撃的ツッツキ

安定的ツッツキは打球点が頂点よりも後方ですが、攻撃的ツッツキは頂点の前に打ちます。相手のボールの勢いを利用するので、ボールにスピードが出て回転もかかります。相手のコートに深くに突き刺さる感じになります。

■台上プレー
ストップ

相手に強打をさせないように、ボールがバウンドした直後に相手コートに小さく止めるように落とします。

■台上プレー
フリック

台上の浅いボールに対し払う感じで打球します。相手を一瞬戸惑わせる、意外性のある技です。

■台上プレー
チキータ

同じ台上プレーのストップとフリックは安全につなぐ技。これに対しチキータは先手を取るため攻撃的な技です。

第4章 ● 技の種類

技の種類

目的によって使う

　卓球の試合は、「はじめに」で解説したように、自分が点数を取ったり、相手に取られたり、相手のミスで点をもらったり、逆に自分のミスで相手に点数を与えたりしながら進んでいきます。そして、自分が有利になるためには、「決める技」、「守る技」、「つなぐ技」、「仕掛ける技」の4つを使い分けなければなりません。

　まず、「決める技」はスマッシュや強ドライブなど、得点力の高い技です。相手の甘い返球を誘い、そこを強打して決めます。しかし、いくら点を取っても、それ以上に点を取られてしまっては勝てません。ですから、ブロックなどの「守る技」も重要になってきます。

　ラリーを五分五分に近い状況に持ち込むのが「つなぐ技」です。ドライブやツッツキなどの安定的な技でラリーをつないでいきます。

　そして、自分が攻めるためのチャンスをつくるのが、「仕掛ける技」になります。自分が決定打を打つために、コースをついて予測するコースへ返球させるのです。「仕掛ける技」の例は56ページでさらに詳しく紹介しましょう。

◆卓球の試合におけるラリーの特性にはじまり、技の感覚、技の役割について紹介してきました。そして、試合では目的によって、4つの技の種類があります。

1. 決める技

スマッシュ、強ドライブなどの決定打です。

2. 守る技

力を抜いて打つブロックや、コート後方に打つロビングなどです。

3. つなぐ技

ドライブやツッツキで安定的にラリーを続け、五分五分に近い状況にする技です。

4. 仕掛ける技

自分が先手攻撃するために、チャンスボールをつくる技です。

「仕掛ける技」が醍醐味

トップ選手が強打を繰り出していないのに、いつの間にか得点をしている場面があります。それは、自分の特徴的な技を出すために、その前の段階から"仕掛けている"からです。相手に自分の思ったコースに返球させることで、展開を有利に持っていくことができます。卓球の試合では、そうした「仕掛ける技」が重要になってくるのです。サーブ、ツッツキ、ショート、ループドライブなどがこの技にあてはまります。これがうまくできるようになると、試合がとても面白くなってきます。

＜仕掛ける技とは＞

右の図で「仕掛ける技」の例を示しました。

Aが台のバック側でフォアハンド強打を打ちたいという状況を想定しましょう。その場合、Aはバックハンドで「c」のコースをねらい、Bに「ア」のゾーンに返球させるようにします。「a」や「b」のコースより、「c」のほうが「ア」へBが返球してくる確率が高くなるからです。

それをフォアハンドで待ち伏せし、決定打を打つのです。このように仕掛けることで、返球のコースをある程度限定させ、より確実に得点に結びつけます。自分から仕掛け、相手の返球コースを予測できるようにしていくわけです。

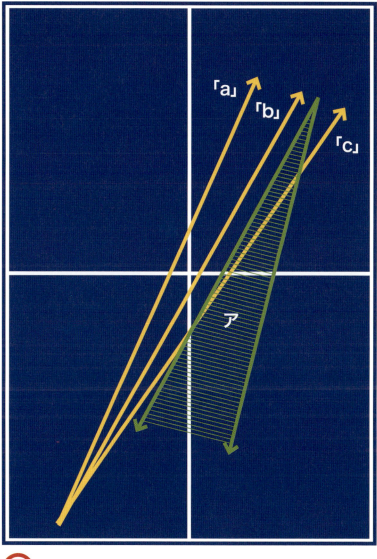

第4章 ◉ 技の種類

技のサイズ

大きさを使い分ける

　フォアハンドのスイングの大きさは、ひじを中心に打つMサイズを使う場合がもっとも多いです。しかし、チャンスボールを強打するときは威力を出すために、肩中心で腰の回転も利用したLサイズのスイングを使います。また、ネット際のボールなどを打ち返す台上プレーでは、手首を主に使うSサイズになってきます。さらに、Sサイズよりも回転をかけるサーブなどになると、指の感覚も合わせたSSサイズになります。

1. Lサイズ

体全体を使って打つ
チャンスボールをスマッシュなどで強打するとは肩中心で、左足をしっかり踏み込み、腰の回転も利用したLサイズのスイングで打ちます。

2. Mサイズ

ひじを中心に打つ
卓球のスイングでもっとも多く使われるのがMサイズです。一般的な互角のラリーに使います。

◆技のスイングにはさまざまなサイズがあります。洋服のようにLサイズからSSサイズまでの4種類に分類して紹介しましょう。

細かい部分を結合していく

　ここまで技の感覚、役割、種類、サイズについて紹介してきました。卓球の技は、このように細かく分類することができます。試合では、これらを組み合わせて使っていきます。練習では、同じ技で同じようなラリーになってしまいがちです。しかし、試合では連続して異なる技を使っていかなければなりません。ですから、ここで紹介したスイングのサイズも、局面によって使い分けなければいけないのです。普段から、感覚、種類、サイズと多様に結合させて練習しておくようにしましょう。

　それでは、次項からはそれぞれ技のポイントについて解説していきます。

3. Sサイズ

手首を使って打つ
ネット際の小さいボールを返球するとき、手首を主に使って微妙な回転をかけます。

4. SSサイズ

サーブをするときなど、Sサイズよりもさらに小さい指の感覚を使ったSSサイズのスイングで打ちます。

フォアハンド① ロング

❶ 上半身を右にひねり、コンパクトにバックスイングをとります。

❷ 腰を回転させると同時に、右足から左足に重心移動させていきます。

POINT 感覚

軽く弾く

◆初歩段階で練習する基本中の基本となる打法です。この技でかたちをつくります。上下動はあまりせず、後ろから前にという水平動で、腰の回転や重心の移動で弾く感じで打ちます。力は50％くらい、ボールの軌道は直線的になります。手だけで打たないように注意が必要です。いずれの技にも言えますが、打って終わりではなく、打ったあと構えて終わるということを習慣づけましょう。

❸上半身を正面に戻したところで、ボールを弾くようにインパクト。オーバーミスが多い場合は、ラケットをかぶせるように打ちます。

❹フォロースルーは大きくとりすぎず、すぐに次のプレーに備えます。

目的
つなぐ／仕掛ける

フォアハンド② ドライブ

❶右足に重心をかけてバックスイングをとります。

❷飛んでくるボールに合わせ、ボールを引きつけたのち打球します。

POINT 感覚

こする

◆ドライブ打法はこする感覚で打ちますが、強くこする場合もあれば、あまり強くこすらない場合もあります。ロングが後ろから前に水平気味にラケットを振るのに対し、ドライブは前進回転をかけるために斜め下から斜め上に振ります。打球時にクッとグリップを強く握り、こすり打ちすると山なりのボールになって飛んでいくので、安定性は高いわけです。安定してラリーを続ける技。ラリーでは60％くらいの力で、打球する感覚を身につけましょう。

❸ボールの上部をこするように、速いスイングでインパクトします。

❹腰の回転も使って打ちますが、フォロースルー後はすぐに次のプレーに備えます。

目的
つなぐ／仕掛ける

フォアハンド③ スマッシュ

❶右足に重心をかけ、腰をひねってバックスイングをとります。ラケットの位置は高くします。

❷腰を正面に回転させながら、水平方向にスイングします。

POINT 感覚

強く弾く

◆スマッシュが入れば得点になりやすいので、威力と安定性が大事になります。ロングの延長線上にある打法ですが、威力を出すためには体全体の回転を使い、スイングもLサイズで打ちます。注意点としては、ラケットの位置を高く構えることや、上体を倒しながら弾く感じで打球することです。オーバーミスをするようなら、ラケット面をかぶせる微調整をします。フォアハンドは、ロング、ドライブ、スマッシュが大事な技になります。

❸左足を踏み込んで重心を移動させながら、ボールに体重を乗せてグリップを強く握って弾く感じでインパクトします。

❹フォロースルーで振り切り、力を抜きながらすぐに次のプレーに備えます。

目的

決める

第4章◎技の種類

バックハンド① ショート

両ひざは曲げる

❶基本姿勢は両ひざを曲げて構えます。

❷手首はある程度固定し、ひじから先でコンパクトにスイングします。

POINT 感覚

弾く

◆バックハンドで安定的に返球するのがショートです。体の正面付近で打球して相手コートに入れます。初心者にとってフォアハンドのロングと、このバックハンドのショートは基本中の基本です。フォアハンドはバックスイングがとれますが、ショートはとれないのでひざの曲げ伸ばしを使います。回転をかける技もありますが、まずは回転をかけずに正しい角度を出して打ってみましょう。

両ひざは伸ばす

❸バウンド後、早い打点で両ひざを伸ばしながら体を前方へ振り出すようにインパクトします。ボールが高くならないように、ラケットの角度を調整します。

❹フォロースルーが大きくならないよう、すぐに次のプレーに備えます。

目的

つなぐ／仕掛ける

バックハンド② ドライブ

❶基本姿勢はひざを曲げ、前傾姿勢をつくります。ひじを中心に手首を内側に曲げながらバックスイングをとります。

❷打球点は頂点以降になるので、ボールを引きつけてスイングに入ります。

POINT 感覚

こする

◆ショートと同じように、ひざの曲げ伸ばしをスイングの中で使う打法です。スタンスは肩幅より少し広いくらいで、並行足よりも右足を少し前に出すとバックスイングをとれるので打ちやすくなります。こする感覚で回転をかけるので、ボールは山なりになって飛んでいきます。バックスイングはあまり大きくとらないようにしましょう。

❸ボールから上部をこするように、ひじを軸に手首を使って、両ひざを伸ばしながらお腹を前に出すような感じでインパクトします。

❹フォロースルーをとり、すぐに次のプレーに備えます。

目的

つなぐ／仕掛ける

バックハンド③ プッシュ

❶ショートと同じように、体の前で小さくバックスイングをとります。

❷手首を水平気味にとりスイングに入ります。

 POINT 感覚

弾く

◆プッシュという打法はショートの延長線上にありますが、ショートが柔らかく打つのに対し、プッシュは強く弾く技術です。これは仕掛けたり、チャンスをつくったり、決めるときに使う技で、プラスチックボールに適した技です。スマッシュは腰の回転を使えますが、プッシュは使えないので、うちわのようにパーンと弾く感覚で打ちましょう。

❸ショートよりも体を前方に押し出しながら、手首のスナップをきかせて鋭く短く弾く感じでインパクトします。

❹フォロースルーも小さく、すぐに次のプレーに備えます。

目的
仕掛ける／決める

バックハンド④ ブロック

❶重心を高くして、ひざを柔らかく曲げて強打されたボールを引きつけて打球。

❷スイングはしないで、ラケットを固定してボールを待ちます。

POINT

感覚

受け止める

◆ブロックは守りの技術です。卓球は守りが難しい競技で、防御にまわるとミスが出やすくなります。特に試合で緊張状態になっているときは、力が入って柔らかいボールタッチができないのです。力を抜く技術は余裕がないとできません。だから、みんな先手をとって相手のブロックミスを誘うわけです。しかし、強くなる人は力を抜くことが上手です。ブロックは柔らかなボールタッチを心掛けましょう。

❸インパクトのときはラケットをほとんど動かさず、ボールを受け止める感覚でその勢いを吸収します。

❹フォロースルーは小さく、すぐに次のプレーに備えます。

目的

バックハンド⑤ 安定したツッキ

❶ボールが飛んでくる位置に移動し、両ひざを曲げて低い姿勢でバックスイングをとります。

❷ボールがバウンドした後、頂点を過ぎたあたりでとらえるようにスイングに入ります。

POINT 感覚

押す

◆安定したツッツキは、相手が下回転のサーブを出してきたとき、台上のレシーブでボールに下回転をかける技術です。打球点は頂点か頂点を過ぎたあたりなので、安定してミスなく返すことができます。ツッツキは下回転だけでなく、ボールに横回転をかける場合もあります。ボールが曲がっていくので、相手にとって打ちにくくなります。現在は安定したツッツキだけでなく、攻撃的なツッツキ（次ページ）もあります。

❸インパクトのときは手首のスナップをきかせて、前腕を押し出すようにボールの下をこすります。

❹腕が伸びきらないようにフォロースルーし、すぐに次のプレーに備えます。

目的

つなぐ

バックハンド⑥ 攻撃的なツッツキ

❶ボールが飛んでくるコースに移動します。

❷ボールが頂点に到達する前をねらい、右足を踏み出してスイングに入ります。

POINT 感覚
突く／押す

◆攻撃的なツッツキの打球点は、ボールが頂点に到達する前の上昇期になります。そうすると、相手の力が利用できて、安定したツッツキよりもスピードが出て回転もかかります。相手のコートに深く突き刺さるような感じになるので、相手はタイミングを取りにくくなります。感覚は「突く」です。レシーブで攻撃的なツッツキ、横回転、このあとに出てくるストップなど、いろんな技術を出すと、相手はサーブ3球目の攻撃が難しくなります。

❸右足に重心を乗せてひじから先を前に突き出し、ボールの下をとらえます。インパクトのときはグリップを強く握り、ラケットを止めるように手首を固定します。

❹フォロースルーは小さく、すぐに次のプレーに備えます。

目的
仕掛ける

強ドライブ フォアハンド

❶腰をひねって右足に重心をかけ、ひざを曲げてバックスイングをとります。

❷腰を正面に戻しながら左足に重心を移動させてスイングに入ります。

POINT 感覚 こする+弾く

◆ラリーをつなぐためのドライブは60％くらいの力で打ちますが、強ドライブは80〜90％の力で打ち、威力と回転を上げます。得点に結びつけるための打法で、ドライブとスマッシュの中間くらいで打つ技術です。つなぎのドライブは斜め上方向にこすりますが、強ドライブの打球点は頂点付近になり、スイングスピードは最大でその方向は水平に近いです。安定性もありながら、スピードもある打ち方です。

❸ 左足を踏み込みながら右足で床を強く蹴り、ボールの中心部から上部をこするように水平方向にインパクトし、ラケットを速いスピードで振り抜きます。

❹ フォロースルーをとり、すぐに次のプレーに備えます。

目的
決める／仕掛ける

強ドライブ バックハンド

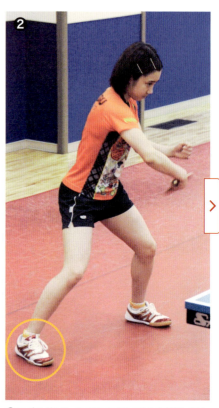

❶手首を内側に曲げ、ひざを曲げて腰を落とし左足に重心をかけてバックスイングをとります。

❷ひざを伸ばしながら右足に重心を移動させ、スイングに入ります。

POINT 感覚

こする+弾く

◆フォアハンドの強ドライブと同じように、得点に結びつく打法です。ひざを曲げて腰を落とし、ひざを伸ばす力を利用して打ちます。両足は肩幅より少し広いくらいで、並行足よりも左足は少し後ろ、右足を前に出すとバックスイングをとりやすくなります。つなぐためのドライブは60％くらいの力で打ちますが、80〜90％くらいの力で打球点は頂点付近になります。安定性とスピードを持った打法です。

❸ボールの中心部から上部をこするように、ひじを軸に手首を使って、両ひざを伸ばしながらインパクトします。

❹フォロースルーをとり、すぐに次のプレーに備えます。

目的

つなぐ／仕掛ける

台上プレー① ストップ

❶ボールの落下地点に移動し、上半身を台に寄せます。バックスイングはとらないか、小さくとります。

❷ボールのバウンド直後をねらってスイングに入ります。手首は固定し、ひじから先を前方に出します。

POINT 感覚

押す(小さく止めるように)

◆台上プレーとは、ネット際の短いラリーに使う技術です。大きくバックスイングをとって打てないときに使います。ストップは特にレシーブで相手に強打させないようにする技。回転をかけて止める攻撃的ストップも主流になってきています。ツッツキの一種で、短くボールをすくうように返します。下回転をかけますが、ネット際に落とすため小さく止めるような感覚で打ちましょう。ボールの回転量の少ないバウンド直後をねらいます。

❸ボールの底をすくうようにラケットを差し出し、下回転をかけます。インパクトのときは指に力を入れ、ラケットを止めるようにします。

❹フォロースルーはほとんどとらず、ラケットを手前に引いて次のプレーに備えます。

目的
つなぐ／仕掛ける

台上プレー② フリック

❶相手の打ってきたボールのコースにラケットを持っていき、体の正面で小さくバックスイングをとります。

❷上半身を台上にかぶせ、打球点は頂点付近をねらいます。

POINT 感覚 こする

◆フリックは台上で弾きこする感覚で、「払い」の技術です。ラケットとボールは早く離れますが、手首のスナップを使って回転をかけます。相手がつっついてきそうなとき、前に返すという雰囲気をつくっておき、素早く払って後ろに返す意外性もあります。相手が一瞬戸惑うので、先手をとることができます。相手がミスをする確率が高くなりますし、甘いボールが返ってくる可能性もあります。ここではバックハンドのフリックを紹介しましょう。

❸手首のスナップをきかせ、ラケットの先端を回転させるようにボールをこすってインパクトします。

❹フォロースルーはあまりとらず、すぐに次のプレーに備えます。

目的
つなぐ／仕掛ける

台上プレー③ チキータ

❶右ひじを肩の高さまで上げ、ラケットを手前に引いてバックスイングします。同時に台の中に右足を踏み込みよいポジションをつくります。

❷ひじと手首を使ってタメをつくり、スイングに入ります。

POINT　感覚

こする

◆台上プレーの中でストップやフリックは安全につなぐ技ですが、チキータは攻める技術になります。難しい技術ですが、習得すれば先手をとることができます。払う感覚のフリックに対し、チキータはこする感覚。ラケットの先端を下に向けてひじを上げ、手首を大きく使う変則的な打ち方です。当てる角度を間違うと大きくそれてしまう難易度の高い技ですが、最大限の回転をかけるので相手は対応が難しくなってきます。

❸タメをつくった反動で、前腕と手首を一気に前方に振り抜き、ボールの横をこすって回転をかけます。

❹フォロースルーをとり、すぐに次のプレーに備えます。

目的
仕掛ける／つなぐ

打球点を意識する

◆卓球で技を使うときには、打球点を意識することが大事です。打球点とは、ラケットでボールを打つポイント、高さのことになります。打球点は、大きく5つに分けることができます。相手が打ってきたボールが自分のコートでバウンドしてからすぐのところから、頂点に達し、下降していくまでの5段階です。これを、図のようにA点からE点までに分けています。

ここまでで紹介した技には、それぞれ適切な打球点があるのです。初心者は、もっとも打ちやすい頂点のC点を中心に打ち、慣れてきたら頂点より前、あるいは後ろで打つことにもチャレンジしてみましょう。なるべく早い打点で打つと、相手に時間的余裕を与えず、守勢に回らせることができます。

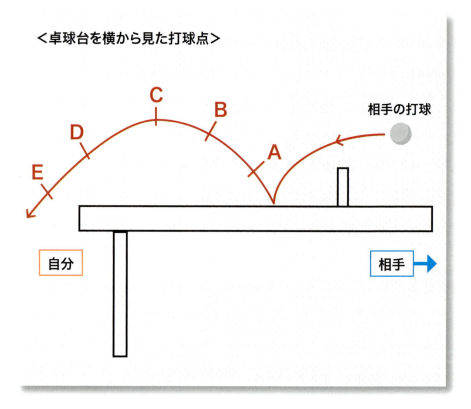

＜卓球台を横から見た打球点＞

初心者は、自分のコートでボールがバウンドしたあとの頂点（C点）で打つことを意識し、慣れるにつれて頂点よりも前、後ろで打つこともしてみましょう。自分が有利になるためには、より早い打球点で打つことが理想です。

技によって異なる打球点

◆フォアハンドのロングやバックハンドのショートにはじまり、ドライブやスマッシュ、ツッツキ打ちなど、技によって最適な打球点は異なってきます。それぞれの技を適切な打球点で打つことが大事です。技を身につけるためには、打球点も意識しながら練習を行いましょう。

＜各打法における適切な打球点＞

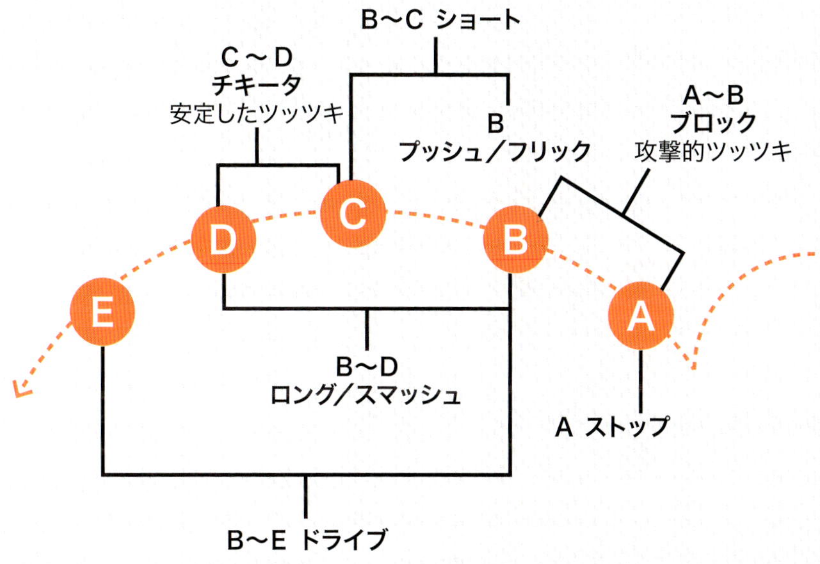

- B〜C ショート
- C〜D チキータ 安定したツッツキ
- B プッシュ／フリック
- A〜B ブロック 攻撃的ツッツキ
- A ストップ
- B〜D ロング／スマッシュ
- B〜E ドライブ

台との距離 前陣/中陣/後陣

◆卓球台を基準にしたボールを打つ位置のことも知っておきましょう。選手がプレーするエリアのことで、台のエンドライン付近から前陣、中陣、後陣の3つに分けることができます。攻撃型の選手は前陣・中陣、カットマンのように守りを軸にする選手は中陣・後陣でプレーすることが多くなります。また、一般的に女子が前陣・中陣、男子は中陣・後陣でプレーする傾向です。台の近くになるほど技のサイズは小さくなり、離れるほど逆に大きくなります。初心者は、まず前陣で正確な技術を発揮できるようにしましょう。

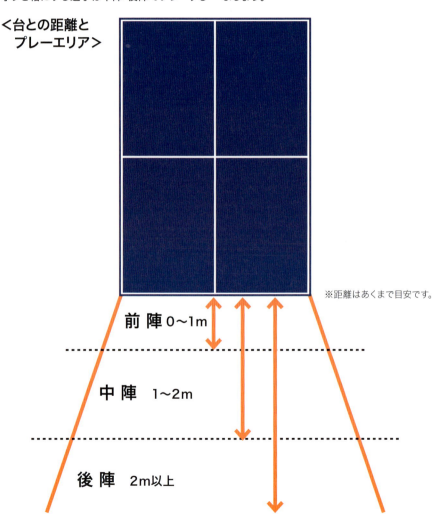

＜台との距離とプレーエリア＞

※距離はあくまで目安です。

前陣　0〜1m

中陣　1〜2m

後陣　2m以上

体との位置関係

◆高さを基準にした打球点と同じように、体を基準にした打球点もあります。体の斜め前でボールを打つのか、あるいは体の横、あるいは少し後ろで打つのかということです。卓球の試合では、自分も相手もさまざまなコースに打つので、いつも同じ位置でボールを打てるわけではありません。また、技によってもボールをとらえる場所が変わってきます。いろいろな技をさまざまな位置で打てることが理想ですが、初心者はまずフォアハンドを正しい位置で打つことから始めましょう。2人でクロスで打ち合うラリーでたとえるなら、上半身の面から90〜120度くらいの位置が打ちやすいでしょう。

<上半身の面から90〜120度>

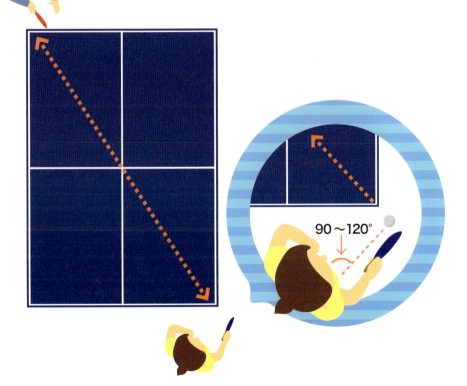

クロスでフォアハンドのラリーを2人で続けるとき、左足を少し前に出した状態で、上半身の面とラケットが垂直になるくらいの位置でボールをとらえましょう。また、スマッシュは力強くボールを打つため、この位置よりも前、つなぎのドライブは回転をかけるので、この位置より後ろになります。

第4章 ● 技の種類

ボールの打球面と回転

＜打球面と回転の種類＞　※打球者から見た打球面と回転

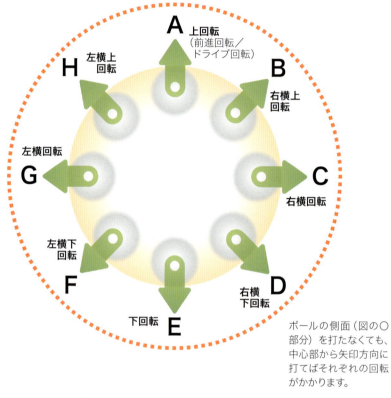

ボールの側面（図の○部分）を打たなくても、中心部から矢印方向に打てばそれぞれの回転がかかります。

＜回転の例＞

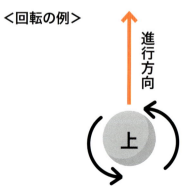

左横回転（左回りの回転）
「回転名」はボールを上から見たときの回転方向を考えるとわかりやすいです。

◆ここまで、それぞれの技の項で「下回転」や「前進回転」という言葉が出てきました。卓球では、ボールの回転が勝負を大きく左右します。相手が打ってきたボールの回転を見極めるともに、自分が自在に回転をかけることが重要になってくるのです。打球点とあわせて「ボールのどこを打つか」、つまり打球面が大事になってきます。打つ場所によって、ボールにかかる回転が変わってくるからです。基本的な回転とボールの軌道を紹介しましょう。

＜卓球台を上から見た各回転のボールの軌道イメージ＞

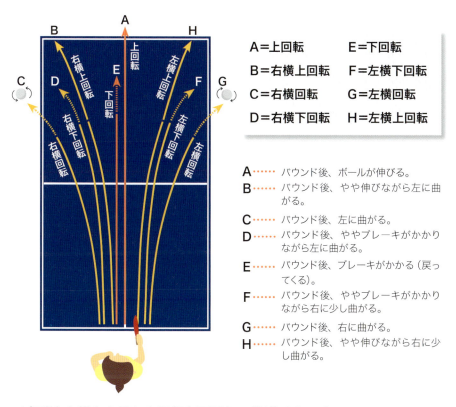

A＝上回転　　E＝下回転
B＝右横上回転　F＝左横下回転
C＝右横回転　　G＝左横回転
D＝右横下回転　H＝左横上回転

A……バウンド後、ボールが伸びる。
B……バウンド後、やや伸びながら左に曲がる。
C……バウンド後、左に曲がる。
D……バウンド後、ややブレーキがかかりながら左に曲がる。
E……バウンド後、ブレーキがかかる（戻ってくる）。
F……バウンド後、ややブレーキがかかりながら右に少し曲がる。
G……バウンド後、右に曲がる。
H……バウンド後、やや伸びながら右に少し曲がる。

＜卓球台を横から見た上回転と下回転の軌道イメージ＞

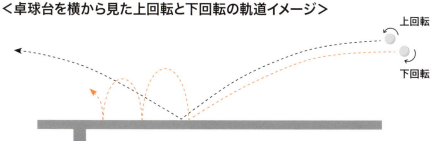

下回転は回転が強ければ強いほど、打った場所に戻るように弾みます。

第4章まとめ

技の感覚を大事にし、目的を考える

　卓球のラリーがサーブから8球目で大半が終わるという話に、驚かれた人も多いのではないでしょうか。ラケット競技の中でも相手との距離がもっとも近く、さまざまな種類の回転、コースを組み合わせてスピーディーな攻防を展開するからこそだからといえます。

　とはいえ、初心者はまずラリーを続ける楽しさを知り、基本的な技を習得するところから始めましょう。そして、試合に出場するようになってきたら、サーブ3球目や5球目、レシーブ4球目などの重要性を念頭に置いて練習してください。

　卓球には、さまざまな種類の技があり、それぞれに感覚が違い、さらに打球点や回転、台との距離が大切であることにも触れました。攻撃力を高める練習も必要ですが、いくら得点しても、それ以上に失点してしまっては勝てません。ミスを少なくし、相手の強打もブロックできるよう「対応力」を磨くことも重要です。そのためには、技の感覚を大事にしていきましょう。

　技には目的によって「決める技」、「守る技」、「つなぐ技」、「仕掛ける技」の4種類があることにも触れました。それぞれの技の項には「感覚」と「目的」も記載してあります。技の練習をするときには、それらを考えながら取り組んでください。

第5章
サーブ&レシーブ

　サーブは1球目の攻撃です。自分が出したサーブによって、相手のレシーブもある程度決まってくるので、3球目の攻撃につながります。つまり、サーブと3球目はセットで考えることが大切です。相手をなるべく慣れさせないように、フォアハンドでもバックハンドでも局面によって使い分けられるようにしましょう。そして、レシーブは卓球の中でももっとも難しい技術です。サーブのことを知り、適切なレシーブをできるようにしましょう。

サーブの目的と効果

サーブは1回目の攻撃

　卓球の試合で唯一、自分で回転をつくり、コースを決めてフォームやスピードもつくることができるのがサーブです。当然、相手はどのコースに、どのようなボールがくるのかわかりません。サーブ＋3球目で自分の特徴を出したり、相手の弱点をねらったりすることができるのがサーブなのです。

　レシーブは、相手のサーブに対し対応することになります。つまり、自分の出したサーブによって、相手のレシーブの技やコースも変わってくるのです。だから、3球目の攻撃も自分の出したサーブによってある程度決まってきます。3球目で何をしたいのか考えてサーブを出す必要があるのです。サーブと3球目はセットになりますから、3球目でなるべく自分の特徴を出せるサーブを考えなければいけません。

　サーブを相手の待っている場所へ、待っている回転で出したら、レシーブで攻められてしまいます。いくらいいサーブでも、相手にすぐ読まれてしまうようなサーブではいけないのです。相手が慣れないように、同じモーションから短く出したり、長く出したりする練習をする必要があります。

　サーブは非常に大切で1回目の攻撃であるという考え方を持ちましょう。そこからチャンスをつくる、相手にプレッシャーをかけることができるということなのです。

　相手は自分のレシーブがうまくいかないと、サーブのときにも影響が出てきます。そういった心理的効果も、起きてくるのです。自分が主導権を握るための、強烈なサーブを出せるようになりましょう。

心理的に優位に立つ

　卓球の試合は1ゲーム11点マッチでサーブは2本交代です。自分がサーブで2点を取れば、相手には自分のサーブで2本とも取らないといけないという心理的プレッシャーがかかります。そのような状況になれば、相手はあせって無理な攻撃でミスをすることにもつながります。自分のサーブで1点を取るのか、さらに2点を取るのかということは、単なる1ポイント差ということではなく、その後の展開にも大きな影響を与えるのです。

チャンスをつくる

　サーブだけで得点をするのが理想ですが、相手のレベルが上がれば上がるほど、それは難しくなります。ですから、サーブと3球目をセットで考え、3球目でチャンスをつくる、あるいは先手攻撃をするためのものだと頭に置いておきましょう。3球目でチャンスをつくるためには、相手が強いレシーブを返しにくいサーブを出すことです。

サーブのルールを知る

1. オープンハンド

構えたとき、トスを上げる手は親指を離して手のひらを広げましょう。

要注意　これはダメ！

ボールを握ってしまうと反則になります。

◆サーブを打つときには、トスの上げ方から高さまで、さまざまな決まりごとがあります。まずはサーブのルールを覚えましょう。陥りがちなルール違反も紹介しました。

2. トスは卓球台よりも高い位置から上げる

トスは卓球台の表面より高い位置から上げましょう。

要注意
これはダメ！

トスを上げ終わるまでに、
ボールが卓球台の表面より
低くなってしまうと反則になります。

3. トスは16センチ以上投げ上げる

トスは垂直に16センチ以上投げ上げましょう。

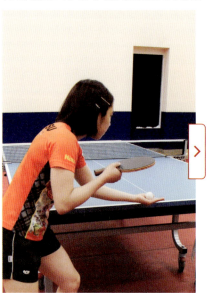

4. 落下してくるところを打球する

ボールは落下してくるところを打たなければいけません。上昇中に打球すると反則になります。

[サーブのルールを知る]

5. トスは下半身も使って上げる

トスを上げるとき、垂直に投げ上げられなかったり、思うように上がらないという人がいます。トスは足の指、ひざの屈伸、腰を使って上げましょう。

腕の力だけでトスを上げようとすると、落下が一定になりません。

第5章 ● サーブ&レシーブ

回転をかけるコツ

ラケットを「急発進」「急停止」させる

❶リラックスして構えます。

❷ボールをよく見て、力を抜いてバックスイングします。

◆サーブでボールに強い回転をかけるポイントは、速いスイングをすることです。力を抜いてバックスイングをして、そこから一気に加速させてインパクトの瞬間に力を入れてラケットを急停止させます。回転をかけるコツは「急発進」「急停止」して思いきりボールをこすることです。ラケットを引いたところから、ボールを打つところまで、「ラケットを握りにいく」感覚です。力の緩急をつけましょう。

POINT
急発進で
一気に加速！

POINT
力を入れて
急停止！

❸急発進するように、一気にスイングを加速させます。

❹インパクトの瞬間、ラケットを急停止させます。

回転の種類を変える

ラケットを動かす方向とボールを触る場所を変える

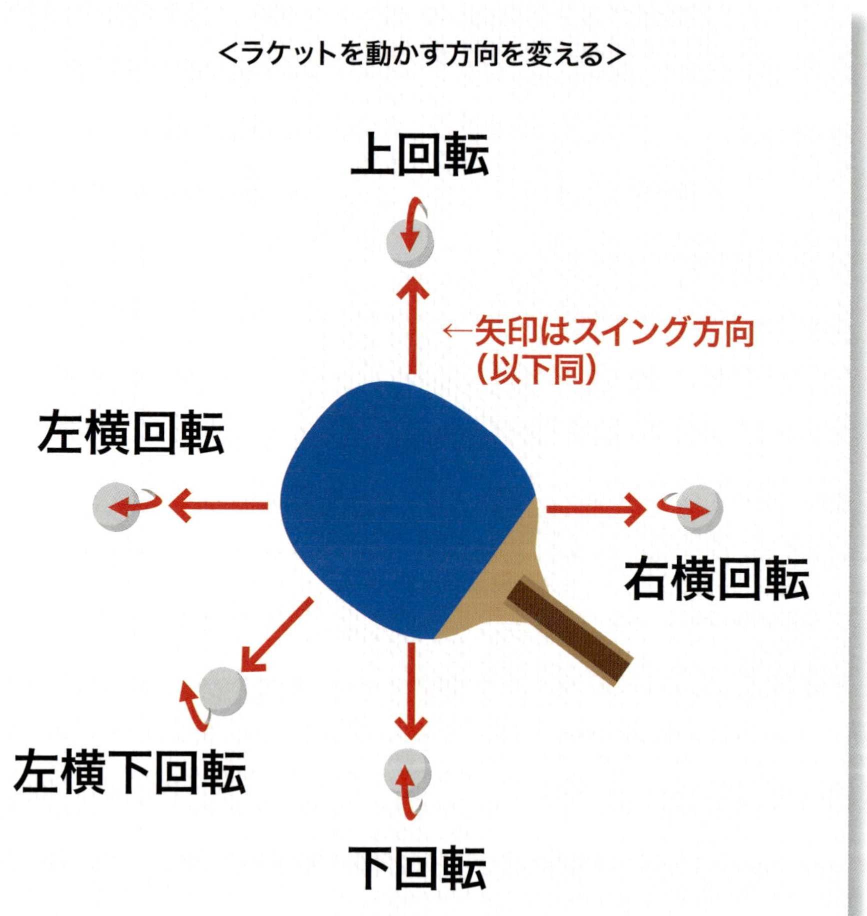

<ラケットを動かす方向を変える>

上回転

←矢印はスイング方向
（以下同）

左横回転

右横回転

左横下回転

下回転

◆サーブの回転を変えるためには2つの方法があります。ラケットを動かす方向を変える方法と、ボールを触る場所を変える方法です。同じところを触っても、動かす方向を変えれば回転も変わります。また、同じ方向にスイングしても、触る場所を変えれば回転の方向も変わってきます。高度な技術ですが、どのように回転がかかっているのかを知っておくことは大切です。

<ボールを触る場所を変える>

スイング方向

右横回転

左横回転

上回転

下回転

右横下回転

フォアハンドのサーブ① 下回転サーブ

❶トスを上げ、落下するボールをよく見ながらバックスイングします。

❷ひじを支点にして、前腕を使って水平方向にスイングします。

◆下回転をかけたサーブを出すと、相手はボールの下を持ち上げるように返球しなければなりません。ツッツキが中心です。基本的に相手に強打させないサーブです。ただ、ツーバウンド目がコートから出てしまうと、ドライブなどの強打で返球されてしまいます。ネット際やエンドライン付近など、相手の打ちづらい場所に出せるようにしましょう。ひじを支点に前腕を使い、ボールの下をこすって打ちます。

❸強い下回転をかけるためには、速いスイングでボールの下をこすります。ラケットの先端寄りでインパクトすると、より回転がかかりやすくなります。

❹ラケットは振り抜かず、急停止させます。

フォアハンドのサーブ② 右横下回転サーブ

❶トスを上げて、落下するボールをよく見ながらバックスイングします。

❷自分から見てボールの右下を、ひじを支点に前腕を使ってとらえます。ラケットの先端は斜め下を向いた状態です。

◆右横下回転サーブは、横回転と下回転が混ざっていて、レシーブが非常に難しいサーブです。ラケットに当たると斜め下に飛んでいく回転がかかります。レシーブ側は横にも下にもいかない角度を出さなければならず、返球が一定化しません。それだけに、サーバーは次がねらいやすくなります。

❸インパクトは速いスイングで、体の近くでボールをこすります。

❹ラケットは振り抜かず、急停止させます。

フォアハンドのサーブ③ しゃがみ込みサーブ

❶トスが低いとボールが先に落下してしまうため、ほかのサーブよりも高く投げ上げます。身長より高く上げたボールをしっかり見ましょう。

❷ボールを上に見ながら、頭より少し上にきたあたりで、しゃがみ込みを開始します。ボールと同じスピードで体を沈めていきます。

◆しゃがみ込みサーブは、トスを上げてからしゃがみながら出すサーブです。ですから、身長の低い子供でもラケットを振りやすく、しっかり回転もかけることができます。落下してくるボールと一緒に沈み込みながら打つと、ボールは止まっている状態と同じなので、頭の少し上くらいにきたら一緒に体を沈めるように打ちます。しゃがみ込むタイミングに注意し、ボールをしっかりとらえて回転をかけるようにしましょう。

❸右目上あたりでインパクトし、その瞬間もボールをよく見ておきます。

❹ラケットは円を描くように振り抜きます。

バックハンドのサーブ 左横下回転サーブ

❶トスを上げ、腰と肩をひねるのと同時にひじを上げてバックスイングします。

❷ラケットの角度が変わらないように、バックスイングの形を崩さないでスイングに入ります。

◆フォアハンドのサーブだけでは、試合で何度も出すうちにコースや回転に慣れられてしまいます。相手になるべく慣れさせないようにするためにも、バックハンドのサーブも打てるようになりましょう。バックハンドのサーブは強い回転をかけるために、バックスイングは手だけでなく、腰と肩のひねりを使います。このサーブはひじを上げて出すので窮屈にならず、子供にも出しやすいことが特徴です。

❸腰と肩を正面に戻しながら、インパクト時はラケットを強く握ります。

❹ひじを引き上げ、自分から見てボールの右下をこすります。

第5章 ◉ サーブ&レシーブ

複数の構えからサーブを出す

相手に予測させないために

下回転サーブの構え

右横下回転サーブの構え

POINT さまざまな構えから同じサーブを出せるようにしましょう。

◆卓球の試合では勝敗を左右するポイントとして、駆け引きが非常に重要になってきます。そして、サーブを打つ構えに入ったときから、その駆け引きは始まっているのです。相手はこちらの構えを見て、どのようなサーブがどのコースにくるかを予測します。ですから、構えを変えることによって、相手に予測させないようにするのです。同じサーブでも、さまざまな構えや位置から出せるようになれば、相手の予測をはずして優位に立つことができます。

左横下回転サーブの構え

前進回転サーブの構え

3球目から逆算してサーブを出す

自分の特徴を発揮するために

3球目に自分が何をしたいのか逆算してサーブを出す

◆卓球の試合では、自分のサーブから3球目、5球目の攻撃が重要であることは常々触れてきました。ですから、3球目にドライブで強打するのか、あるいはラリーに持ち込むのかを考えてサーブを出さなければなりません。ドライブを打ちたい場合は、下回転を相手がツッツキレシーブをするようなコースにサーブを出して、返球されたボールをドライブします。前進回転のラリーに持ち込みたい場合は、横回転か上回転系のサーブを出し、相手にフリックやドライブレシーブをさせるようにします。自分の特徴を発揮するために、3球目を逆算したサーブで主導権を握りましょう。ここでは、2つのパターンを例としてあげます。

パターン① ドライブで強打したい

3球目から逆算

3球目（自分） 強ドライブ

↓ 強ドライブを打ちやすい相手のレシーブとは？

レシーブ（相手） ツッツキ

↓ 相手にツッツキを打たせるためのサーブとは？

サーブ（自分） 下回転系のショートサーブ

パターン② ラリーに持ち込みたい

3球目から逆算

3球目（自分） 速いピッチのラリーで強打

↓ 速いピッチのラリーに持ち込みやすい相手のレシーブとは？

レシーブ（相手） フリックやロングレシーブ

↓ 相手にフリックやロングレシーブをさせやすいサーブとは？

サーブ（自分） 横回転・横下回転系の長いサーブ

第5章 ◉ サーブ&レシーブ

相手のサーブを見極める

適切なレシーブをするために

相手がサーブを打った瞬間、ボールの回転方向と回転量を瞬時に判断します。

<ボールの回転方向を見極めるポイント>

① ラケットを動かす方向
② ボールを触る瞬間

※ 104〜105ページの「回転の種類を変える」を参照してください。

◆相手が出してきたサーブが、どのようなボールかを判断しなければ、適切なレシーブはできません。相手がサーブを打った瞬間に、ボールの回転方向と回転量を判断します。目で見るのはもちろんのこと、インパクトの音やボールの飛び方を、瞬時に見極めましょう。

＜ボールの回転量を見極めるポイント＞
①スイングの速さ

❶スイングが速く手首が使われたサーブは、回転量が多い。

❷スイングが遅く手首を使われないときは、回転量の少ないサーブがきます。

②インパクトの音

ラバーの種類によって違いはありますが、インパクトの音が大きければボールを弾く感覚で打っており、小さければこする感覚で打っていることが多いです。

❶インパクトの音がにぶく小さいと、回転量の多いボールがきます。

❷インパクトの音が大きいと、回転量の少ないボールがきます。

「近」・「短」・「速」でレシーブする

レシーブミスを減らすポイント

　卓球の試合で負けてしまう要因で多いのは、レシーブがうまくできず失点することです。そんなレシーブミスを減らすための3つのポイントがあります。それらを覚えて、確実にレシーブできるようにしましょう。

　3つのポイントとは、まずボールの近くから打つこと。2つ目はボールに触れる時間を短くすること。そして、スイングを思いきり速くすることです。つまり、「近」・「短」・「速」が大切なのです。

　レシーブミスには、ボールをネットに引っかけてしまうネットミス、ボールが相手のコートに入らずに越えてしまうオーバーミスがあります。ただ、それだけでなく甘いコースに返球したり、ゆるいボールを返してしまうことも、相手にチャンスを与えることになりますから、レシーブミスと言えるのです。

　では、「近」・「短」・「速」について考えてみましょう。

　「近」はオーバーミスをなくすためのポイントです。遠くからスイングすると、ボールは飛びすぎてしまいます。しかし、ボールの近くから打てば、ボールが飛びすぎることは少なくなります。

　「短」は、相手がボールにかけた回転の影響を受けないようにすることです。ラケットがボールに当たっている時間が長いと、回転の影響を受けてミスにつながります。ボールに触れる時間は短くしましょう。

　そして、スイングを速くする「速」です。スイングを速くして相手がボールにかけた回転に負けないようにすれば、スイングの方向にボールを引っ張ることができるので、ミスを少なくすることができます。

　試合で勝つためには、レシーブミスを減らすことです。「近」・「短」・「速」でミスを抑えましょう。

1. ボールの近くからスイング

ボールの近くからスイングし、ボールとの接触は柔らかくします。

要注意 これはダメ！

ボールから離れた
遠い距離からスイングすると、
オーバーミスやネットミスを
しやすくなります。

2. ボールに触れる時間を短くする

相手がボールにかけた回転の影響を受けないように、ボールに触れる時間を短くします。

時間を
なるべく
短く！

[「近」・「短」・「速」でレシーブする]
3. スイングを速くする

相手がボールにかけた回転に負けないように、スイングを速くしましょう。

レシーブの方法

回転を4つの種類でとらえる

①回転方向に応じてラケットの角度を変える（ツッツキ）

ラケットの打球面をボールの回転力が働く方向の真逆に向けて打ちます。下回転のツッツキでレシーブするとき、下にいく力が働いているボールに対し、ラケットの面を上に向けてボールの下をこすることで飛んでいく方向を調節するのです。

②回転と同じ方向にスイング（ドライブ／フリック）

ボールの回転に逆らわず、相手のかけてきた回転を利用して返球します。ドライブやフリックはボールに前進回転をかける打ち方ですから、相手の下回転サーブに対しては同じ回転方向になります。相手のかけたボールの回転に負けないくらい、強い回転をかけましょう。

◆相手が出してきたサーブを返すレシーブは、4つの種類に分けられます。相手がボールにかけた回転に、どのように対応するのかが大切です。レシーブの仕組みを理解して、さまざまな回転に備えましょう。ここでは、下回転サーブに対する例を紹介します。

③回転の軸をとらえる（チキータ）

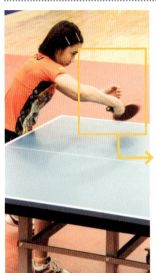

ボールにかけられた回転の中心（軸）は回転が小さく、打つときの影響が少ないため、返球しやすくなります。チキータはボールの横をこすり上げるように打つので、下回転サーブに対して回転の軸をとらえることができます。

④回転の方向を変える（流しレシーブ／サイドスピンツッツキ）

ラケットがボールに触れている時間を短くして回転の影響を受けにくくするためには、回転の垂直方向にボールをこすります。自分の回転に変えることができるので、スイングした方向にボールを引っ張るような感覚で相手のかけた回転を自分の回転に変えましょう。

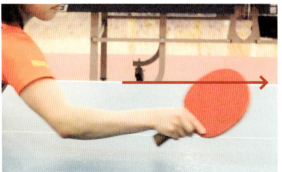

第5章まとめ

サーブとレシーブをセットで考える

サーブは一つの
攻撃と認識する

サーブは1球目の攻撃であるという意識を持つことが大切です。3球目の自分の攻撃につなげるために、いかにボールに回転をかけるのか。そのポイントはラケットの「急発進」、「急停止」になります。そのことを念頭に置いて練習すれば、回転量の多いサーブを出せるようになります。

そして、サーブは3球目攻撃を見据え、逆算して考えなければなりません。常に同じサーブを出していたのでは、相手に予測されてしまうので、同じフォームから違う種類のサーブを出せるようにしましょう。強い選手は、必ずサーブが優れています。サーブの技術と実力は比例しているのです。サーブは一つの攻撃と認識してください。

サーブが唯一、自分から仕掛けることのできる攻撃であるのに対し、レシーブは卓球の中でももっとも難しい技術です。ボールの回転方向と回転量を瞬時に見極めなければなりません。レシーブミスを減らすことが、失点を抑えることにつながります。「近」・「短」・「速」の原則を踏まえ、レシーブのミスを減らしていきましょう。

サーブを知ることは、適切なレシーブにもつながります。相手の予測をはずすサーブを出すとともに、レシーブのこともセットで考えて練習に取り組みましょう。

第6章
基本練習（フットワーク練習）

　卓球の試合では、決まったコースに決まった技でボールが飛んでくるわけではないので、瞬時にコースや技を判断し、素早く動かなければなりません。基本練習も、最初はコースや使う技をあらかじめ決めておきますが、少しずつ試合に近い状況にしていきましょう。ここでは、多球練習で4つの練習内容および応用練習を紹介します。

第6章●基本練習（フットワーク練習）

実戦に役立つ基本練習とは

試合に近い環境のフットワーク練習

＜基本練習（フットワーク練習）のルール＞

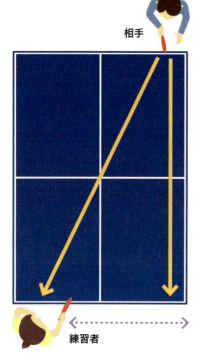

1. コース指定・技指定

相手がトスをどのコースに出すか、どの技を使うのか、あらかじめ決めておきます。たとえば、フォア側とバック側に1本交互に打球してもらい、フォアハンドで打ち返します。「左右のフットワーク練習」などがこの練習です。

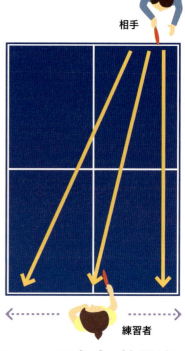

2. コース自由・技指定

使う技はあらかじめ決めておきますが、相手はどのコースにトスを出してもかまわない練習です。練習者の動きがランダムになるので、不規則なコースに対応するための練習になります。練習者は、いろいろな動きの中で技を正確に使い分け、安定して返球しましょう。

◆ここまでに紹介したさまざまな技を、実戦で活かせるように練習しなければなりません。そのためには、「約束違反」(下記)のフットワーク練習で、少しずつ試合に近い環境にしていきましょう。試合では相手の使う技やボールのコースが決まっているわけではありません。ですから、試合では瞬時の判断をしなければミスにつながってしまいます。段階に合わせてコースや技を自由にしていき、試合に近いフットワーク練習をしてみましょう。ここでは、4種類の練習内容を紹介します。

<「約束違反」の練習>　「約束違反」の練習は、コースや技が決まっている練習の中で、相手がときには違うコースに打ったり、使う技を変えることです。試合では、さまざまな状況が起こるので、通常の練習に慣れてきたら「約束違反」も入れていきましょう。

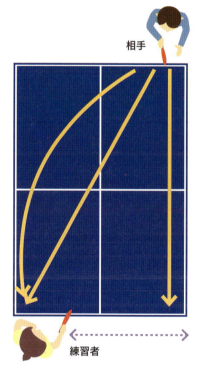

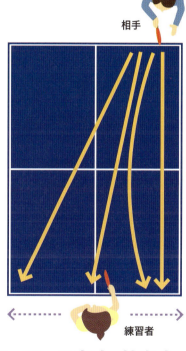

3. コース指定・技自由

「2」とは逆にトスのコースを決めておきますが、技は自由に使います。練習者は左右のフットワークをフォアハンドのロングで行い、相手は急にスマッシュやチャンスボールを出しましょう。それに合った技を瞬時に判断する「対応力」を養います。

4. コース自由・技自由

コースも使う技も自由にします。ミスが多くなりますが、試合を想定した練習です。動きが遅くなったり、技の判断を誤るとミスにつながります。単純なミスを減らしつつ、オールコートでの大きな動きや小さな動きの練習です。

フットワーク練習① フォアハンドの

❶〜❹フォアハンドで返球し、右足で床を強く蹴って左に移動します。
❺〜❽フォアハンドで返球し、左足で床を強く蹴って右に移動します。
❾❿フォアハンドで返球します。これを繰り返し行います。

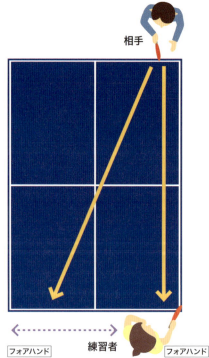

左右の動き

◆左右に大きく動きながら、相手が左右に大きく動かすトスを上げ、すべてフォアハンドで打ち返す練習です。

＜ルール＞ コース指定・技指定
＜ねらい＞ 試合では、相手の打ってくるボールに対して大きく動かなければならない場合もあるため、左右の大きな動きを強化し、安定して打ち返せるようにします。
＜ポイント＞ 大きく速く動かなければならないため、1歩目の足で床を蹴るように使いましょう。

応用(「約束違反」の練習)①
同じ方向に2球連続でボールを出す

❶〜❹練習者は、バック側からフォアハンドで返球します。

❺〜❽相手は2本続けてバック側にボールを出します。フォアにいきかけた体に急ブレーキをかけ、バック側にきたボールを打ち返します。

［フォアハンドの左右の動き］

　練習をしているうちに慣れて、コースの判断をしないまま動くクセがついていまいます。そこで、トスをフォア、バックと繰り返しながら、ときには2球続けて同じコースを出してみましょう。

応用(「約束違反」の練習)②
左右の動きの中に前後の動きも混ぜる

❶〜❹練習者がフォアハンドで左右のフットワークをしながら、相手はときどき前後の動きをするトスを上げます。
❺〜❽練習者は少し後ろに下がってからフォアハンドで返球しました。

[フォアハンドの左右の動き]

　練習者が左右のフットワークをしながら、前後のフットワークも混ぜてみましょう。試合では、このような動きも多いからです。相手はときおり、前や後ろにトスを上げます。練習者は前に踏み込んだり、後ろに下がったりして対応していきましょう。

フットワーク練習② フォアハンドとバックハンド

❶〜❹フォアハンドで返球し、左に移動します。
❺〜❿バックハンドで返球し、これを繰り返していきます。

<ルール> コース指定・技指定
<ポイント> フォアハンドとバックハンドではスイングが異なるため、両ハンドのスイングの違いに気をつけましょう。

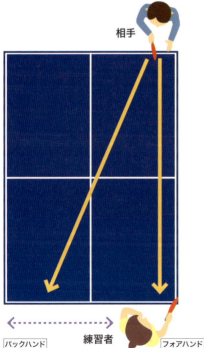

の切り替え

◆トスは左右に1本交互に出します。練習者は左右に動きながらフォア側にきたトスはフォアハンド、バック側にきたトスはバックハンドで打つ練習です。

<ねらい> ボールが体の右側にきたらフォアハンド、左側にきたときはバックハンドで打つことが多いので、左右に動きながら両ハンドのコンビネーションを磨きましょう。フォアハンド、バックハンドで打つため、「フォアハンドの左右の動き」よりもフットワークは小さくなります。

応用(「約束違反」の練習)
ボールを左右に大きく振る

❶〜❸練習者がバックハンドで返球したあと、相手はフォア側の届かないような位置にボールを出します。
❹〜❽練習者は飛びつくように踏み込み、フォアハンドで返球します。

［フォアハンドとバックハンドの切り替え］

相手は、通常の切り替えでは届かない位置にボールをときには出してみましょう。練習者は1度動いた方向から、さらに飛びついて強打します。難易度は高くなりますが、ピンチをチャンスに変える力が身につきます。

フットワーク練習③ ミドルと両ハンドの

<ルール>　コース自由・技指定
<ポイント>　ミドルへのボールは、フォアハンドかバックハンドのどちらで打ってもかまいません。コースによって、どちらが打ちやすいのか瞬時に判断し、正確に返球できるようにしましょう。

❶〜❺ ミドルにきたボールを、練習者がバックハンドで返球します。

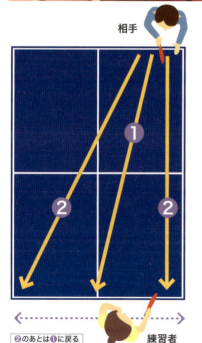

相手

①

② ②

❷のあとは❶に戻る　練習者

コンビネーション

◆攻められやすいミドル（体の中央付近）への対応も交えた練習です。トスをミドル→フォアかバック、ミドル→フォアかバックを繰り返します。

＜ねらい＞ シェークハンドはミドルへきたボールが打ちづらく、弱点になりやすくなります。このミドルへの対応力を高めると同時に、両ハンドのコンビネーションも磨きましょう。相手がトスしてきたミドルへのボールを、フォアハンドかバックハンドのいずれかで返球し、これを繰り返していきます。

❻～❽練習者はフォアハンドで返球します。
❾❿相手は、自由にコース選んでボールを出します。

応用(「約束違反」の練習)
違う技でボールを出す

❶〜❹練習者がミドルのボールをフォアハンドで返球したあと、相手はチャンスボールを出します。

❺〜❽練習者はそれまでと違い、強打で返球します。

［ミドルと両ハンドのコンビネーション］

　前ページの練習をしながら、ときおりチャンスボールや強打など、それまでとは違った球質のボールを出します。練習者はスマッシュやブロックなど、相手のボールに対し最適な技で返球しましょう。練習者はそれまでとは違った感覚の技を使うので、ミスをしないように注意します。

フットワーク練習④ オールコートでの

トスはさまざまな球質で、オールコートに出します。
練習者は球質変化、多様なコースへの動きを練習します。
技もコースも自由に繰り返していきます。

<ルール> コース自由・技自由
<ポイント> 4種類のフットワークの中でも、もっとも難しい練習です。さまざまな要素が入っているため、常に動きと技を正確に判断しましょう。

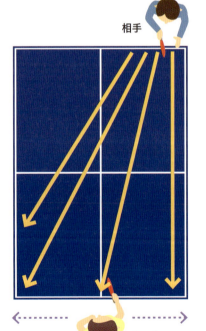

動きと対応

◆トスはさまざまな球質でオールコートに出し、それに対応します。もっとも試合の状況に近い、オールラウンドなフットワーク練習です。

<ねらい> 単純なミスを減らしつつ、オールコートでの大きな動きや小さな動きの練習。フォアハンドとバックハンドの切り替え、ミドルのコースへの対応、さらにはスマッシュなどいくつかの技も練習します。あらゆる状況への対応力を高めることにつながります。

第6章まとめ
技と技の連携を意識する

徐々にコースや技を自由にしていき、試合に近い内容にする

　これまでの伝統的な基本練習では、ボールのコースや使う技をあらかじめ決めておくことが多かったと思います。しかし、試合では決まったコースにボールが飛んできたり、相手の出す技がわかっているわけではありません。

　ですから、一つひとつの技のレベルを高めていっても、試合のときにコースや相手の技を瞬時に判断できなければ、ミスにつながってしまいます。そこで、練習では徐々にボールのコースや使う技を自由にしていき、予測や判断を含めより試合に近い内容にしていかなければなりません。

　「第6章」では、「コース指定・技指定」「コース自由・技指定」「コース指定・技自由」「コース自由・技自由」と4種類の基本練習のルールを紹介しました。少しずつ試合の環境に近いフットワーク練習をしていきましょう。

　そして、コースや技をあらかじめ決めておいても、ときには「約束違反」を混ぜることも大切です。試合ではどのような状況になるのかわからないので、対応できるように練習しましょう。前後左右と斜めのフットワーク、速い動きをともないながら、技と技のつながりを意識して練習を行ってください。

第7章

システム練習

　試合で自分の力を発揮するためには、試合に即した練習をしなければなりません。戦型によってサーブの回転、レシーブも変わってきます。そして、重要なのはサーブから3球目と5球目、レシーブから4球目と6球目です。それらを想定したのがシステム練習になります。ここでは、各戦型におけるシステム練習の基本的なパターンを紹介しましょう。

システム練習の考え方

戦術力を高める

　試合で勝つためには、選手本人がそこで力を発揮できる練習を考えなければなりません。何度も触れていますが、卓球の試合でラリーは長く続かないのです。ですから、サーブから3球目と5球目、レシーブから4球目と6球目が重要になってきます。そのなかでも展開は複雑に変わってくるので、できることの幅がないと勝てません。それを身につけるのがシステム練習です。試合に何度も出場していると、ゲームで多いパターンがわかってきます。それをシステムで組んで練習するのです。

卓球には大きく分けて、4つの戦型があります。それぞれの戦型によって、出したい特徴は違ってくるので、練習のパターンも変わってきます。システム練習も戦型に合わせて組んでいきましょう。

　たとえば、A型の選手は多くはサーブから3球目にフォアハンドで強打したいわけです。そのために、どのようなサーブを出し、相手がどのコースに返球するのか、試合を想定したシステムを組んでいきます。練習者が出すサーブを指定、相手がレシーブで使う技とコースはフリー、3球目に打つ技とコースを決め、そのパターンを繰り返すのです。トップレベルの選手は3球目までしか決めませんが、初歩段階ではラリーを続けるため、5球目までの技とコースを決め、6球目以降をフリーにするといいでしょう。

　さらに、決めたパターンに慣れてきたら、フォア側に出していたサーブをバック側にしたり、サーブを変えたりしていきます。そのようにシステムをいろいろ組むことで、戦術の幅を広げていくのです。

　そうすると、無数のパターンが考えられるわけですが、数ばかり多くしてもいけません。その選手が1番目、2番目に多く使うサーブと3球目攻撃、つまり基本戦術を高めます。台上プレーが苦手な選手には、そうした技を入れたシステムも組んでいきましょう。

　また、卓球のゲームは自分のサーブから始まるだけではありません。レシーブもあります。自分のサーブから始まるパターンは、得点力を高める練習で、レシーブから始まるパターンは失点を減らす、つまり対応力を磨く練習です。守りが難しい卓球において、先手が取れないとつなぐしかありません。そのなかで、自分が優位に立つためのシステムも必要になってきます。苦手な技やコースを決めてシステムを組み、対応力を高めていきましょう。

　このように、試合で力を発揮するためには、戦術力を高める練習が重要なのです。システム練習の基本的なパターンをベースに、レベルに応じて内容を変え、システムを複雑にしていきましょう。

A型① 得点力を高める練習

3球目、5球目までに一発で決めにいく

❶1球目
練習者が相手のミドル前に、短く下回転のサーブを出します。

❷2球目
相手が練習者のバック側にツッツキでレシーブします。

❸3球目
練習者は回り込んでフォアハンドのドライブをバック側へ強打します。

◆フォアハンドのドライブを打つためには回り込んだり、ボールに飛びついたりできるように、さまざまな場面を想定してフットワークを磨きましょう。

＜練習のねらい＞

★サーブ
3球目に自分が得意のフォアハンドドライブで強打するため、相手がツッツキでレシーブしてくる可能性の高い下回転系のサーブをミドルに短く出します。あるいはハーフバウンドのボールにします。

★3球目
相手はフォアハンドのドライブを打たせないようにするため、バック側へレシーブする確率が高いと想定できます。それを予測し、回り込んでドライブで強打しにいきます。ここで自分もツッツキで返してしまうと、フォアハンドドライブを打てないので、3球目で決める意識を持って回り込みのフットワークを磨きましょう。

★5球目
4球目で相手にブロックされたときは、空いているフォア側に返球される可能性が高くなるので、ボールに飛びついて決めにいきます。A型は6球目以降のラリーが続くと特徴を発揮しづらくなるので、5球目までに決める意識をとくに持ちましょう。

❹4球目
相手はバックハンドのブロックで練習者のフォア側へ返球。

❺5球目
練習者はボールに飛びついて相手のフォア側へドライブを強打します。

6球目以降は自由にラリーを続けます。

A型② 得点力を高める練習

フォア側に返球させ決めにいく

❶
❶1球目
練習者が相手のミドル前に、短く下回転のサーブを出します。

❷
❷2球目
相手が練習者のバック側にツッツキでレシーブします。

❸
❸3球目
練習者はバックハンドのドライブをフォア側へ強打します。

◆相手のレシーブをバックハンドで返球する場合も、5球目でフォアハンドのドライブを打つために、3球目はバックハンドでドライブを打てるようにしましょう。

<練習のねらい>

★サーブ
自分が得意のフォアハンドドライブで3球目に強打するため、下回転系のサーブを短くミドルに出せば、相手がツッツキでレシーブしてくる可能性が高くなります。

★3球目
相手はフォアハンドのドライブを打たせないようにするため、バック側へレシーブする確率が高いと想定できます。そこで、バックハンドのドライブで相手のフォア側に強打します。ツッツキで返してしまうと、5球目の攻撃につなげることができません。

★5球目
相手はブロックで自分のフォア側に返球してくる可能性が高くなります。すかさず、フォアハンドのドライブで決めにいきましょう。A型は6球目以降のラリーが続くと特徴を発揮しづらくなるので、どのような場面でも5球目までに決める意識で3球目を考えましょう。

❹4球目
相手はフォアハンドのブロックで練習者のフォア側へ返球。

❺5球目
練習者はボールに飛びついて相手のフォア側へドライブを強打します。

6球目以降は自由にラリーを続けます。

A型③ 対応力を高める練習

相手からの短いサーブとバックハンドへの対応

❶1球目
相手が練習者のミドル前に、短く下回転のサーブを出します。

❷2球目
練習者はミドル前にストップでレシーブします。

❸3球目
相手は練習者のバックに強い回転のツッツキをします。

◆相手がサーブを出してくるときは、こちらが強打をしにくい長さやコースをねらってきます。そういう場合は、つなぎながら強打をできる展開に持っていきましょう。

＜練習のねらい＞

★レシーブ
台上では強いドライブを打てないため、相手は短いサーブをしてくることが多くなります。そのため、Ａ型の選手は台上プレーを高める必要があります。相手の短いサーブに対しストップレシーブ、それを相手がバックにツッツキ、練習者はバックハンドドライブで相手のフォアへ強打します。３球目では、相手のバック側にツッツキで返球。

★４球目
３球目は自分にフォアハンドを使わせないため、相手がバック側に返球してくる確率が高くなります。相手がサーブをする場合、２回のラリーのなかではフォアハンドドライブが使えないことが多く、台上プレーやバックハンドのブロックなどでつないでいかなければなりません。その対応を磨く練習です。

❹ ４球目
バックハンドドライブで相手のフォアへドライブ。

５球目以降は自由にラリーを続けます。

B型① 得点力を高める練習

前進回転のラリーに早く持ち込む

❶1球目
練習者が相手のフォア前に横回転系のサーブを短く出します。

❷2球目
相手はフォアハンドのフリックで練習者のバック側へレシーブします。

❸3球目
練習者はバックハンドで相手のバック側に返球します。

◆バック対バックのラリーに持ち込み、チャンスを逃さず際どいコースをねらっていきましょう。

＜練習のねらい＞

★サーブ
得意とする前進回転のラリーに持ち込むために、相手がツッツキをしづらく払ってくる確率が高い横回転系のサーブをフォア前に出します。

★3球目
相手はフォアハンドの払い、フリックでバック側へのレシーブをしてくる可能性が高くなります。バック対バックのラリーに持ち込むためには、バックハンドで相手のバック側へ攻撃します。フォアハンドでもバックハンドでも、なるべく早く前進回転のラリーに持ち込むことがポイントです。

★5球目
相手のフォア側が空くようになるので、B型の特徴を発揮して際どいコースに返球し、相手を左右に大きく揺さぶり、ミスを誘うようにしましょう。

❹4球目
相手もバックハンドでバック側に返球します。

❺5球目
練習者はバックハンドで相手のフォア側の際どいコースへ返球します。

6球目以降は自由にラリーを続けます。

B型② 対応力を高める練習

ミドル攻撃への対応とブロックを意識

❶ 1球目
相手が練習者のフォア前に短く下回転のサーブを出します。

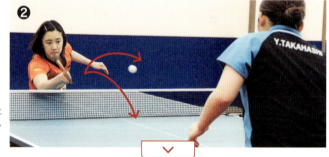

❷ 2球目
練習者は相手フォアまたはバックへツッツキでレシーブします。

❸ 3球目
相手は練習者のミドル前に両ハンドでドライブ攻撃します。

◆相手がサーブを出してくるときは、こちらが強打をしにくい長さやコースをねらってきます。そういう場合は、つなぎながら強打をできる展開に持っていきましょう。

<練習のねらい>

★レシーブ
相手からのサーブは、フリックやロングでレシーブしにくい下回転系を出されることが多くなります。ミスをしないために、つなぐ意識を持って相手のバック側にレシーブします。

★4球目
B型はミドル攻撃が苦手なので、相手は3球目でミドルに攻撃してくる可能性が高くなります。自分はミドルにきたボールをフォアハンドかバックハンドでブロックし、ラリーに持ち込みます。この戦型はブロックをする機会が多いので、こうした練習でミスをしないようにブロックの技術を高めていきましょう。

❹ 4球目
練習者はバックハンドのブロックで相手のフォア側に返球します。

5球目以降は自由にラリーを続けます。

C型① 得点力を高める練習

バック面でチャンスをつくり、フォア面で決める

❶1球目
練習者が相手のフォア前に横回転系のサーブを短く出します。

❷2球目
相手がフォアハンドのツッツキで練習者のバック側へレシーブします。

❸3球目
練習者はバックハンドで相手のバック側に打球します。

◆2種類のラバーを使う特徴を活かす展開に持ち込み、球質の変化や打球点の早さで相手のミスを誘っていきましょう。

<練習のねらい>

★サーブ
異質ラバー型の特徴であるバック面を3球目で使うために、相手のフォア前に下回転系のサーブを出します。

★3球目
バック側へツッツキで返球されてきたら、バック面で相手のバック側に早い打点で打ち返します。3球目は決めにいく場合と、その後のチャンスをつくるための仕掛け技として使う場合があります。球離れが早くスピードの出やすい表ソフトラバーでチャンスをつくるのです。

★5球目
フォア側に返球されてきたボールを、カウンタードライブで打球して決めます。相手のドライブ攻撃に対し、逆に攻撃的なドライブで返すカウンターの技術です。3球目にバックハンド、5球目にフォアハンドを使う展開に持ち込み、球質の変化を活かすための練習です。

❹4球目
相手はバックハンドでフォア側に返球します。

❺5球目
練習者はフォアハンドのカウンタードライブでフォア側へ強打します。

6球目以降は自由にラリーを続けます。

C型② 対応力を高める練習

バック側を攻められた場合の対応力を磨く

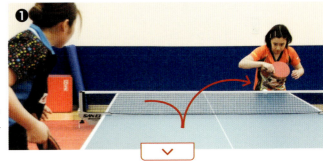

❶1球目
相手が練習者のバック側に回転系のロングサーブを出します。

❷2球目
練習者はバックハンドで相手のバック側へレシーブします。

❸3球目
相手はフォアハンドまたはバックハンドで練習者のバック側へ強打します。

◆相手は球質の変化をさせたくないため、一方のコースに攻撃の的をしぼります。その対策のための練習です。練習者はフォア面に裏ソフトラバー、バック面に表ソフトラバーを貼っている状況です。

＜練習のねらい＞

★レシーブ
相手からのサーブは、ボールの変化をつけにくい表ソフトラバーのバック側に出されることが多いので、バックハンドのさまざまな技でレシーブします。C型はバックに長く出される変化サーブのレシーブが苦手な傾向があるので、両方の対応を磨きましょう。

★4球目
相手は連続的にバック側を中心に攻めてくる場合が多くなります。3球目にフォアハンドで回り込んで強打してきたら、ブロックで対処します。こうしたときにミスが出やすいので、練習を繰り返して対応力を高めていきましょう。

❹ 4球目
練習者はバックハンドのブロックで相手のフォア側に返球します。

5球目以降は自由にラリーを続けます。

D型① 得点力を高める練習

早い打球点のツッツキでチャンスをつくる

❶1球目
練習者が相手のフォア前に下回転系のサーブを鋭く出します。

❷2球目
相手がフォアハンドのツッツキで練習者のバック側へレシーブします。

❸3球目
練習者は早い打球点で攻撃的なツッツキで相手のバック側に返球します。

◆守備型のカットマンも、近年では攻撃ができなければ勝てません。ツッツキでチャンスをつくり、積極的に攻撃をしていきましょう。

＜練習のねらい＞

★サーブ
3球目で打球点の早い攻撃的なツッツキをするために、相手からツッツキが返ってきやすい下回転系のサーブを短く出します。

★3球目
5球目のチャンスをつくるために、相手のバック側に攻撃的なツッツキを打って仕掛けます。早い打球点のツッツキを打つと、相手がバック側に戻っているうちにボールが飛んでいくため、相手は4球目でつなぎの技術しか使えなくなります。

★5球目
相手がツッツキでバック側へつないできたところを、回り込んでフォアハンドのドライブまたはスマッシュで強打。5球目で仕留められなければ、連続攻撃をするか、台から下がってカットのラリーに入っていきます。現在はカットだけで多くの得点ができるわけではないので、サーブ権を得たときには積極的な攻撃をしていきましょう。

❹ 4球目
相手はバックハンドのツッツキで返球します。

❺ 5球目
練習者はフォアハンドドライブまたはスマッシュで相手のバック側へ強打します。

6球目以降は自由にラリーを続けます。

D型② 対応力を高める練習

ツッツキの処理と
ミドル攻撃への対応

❶1球目
相手が練習者のフォア前に、横回転系のサーブを鋭く出します。

❷2球目
練習者は相手のバック側へツッツキでレシーブします。

❸3球目以降
相手はツッツキで3〜4回粘り、練習者もツッツキで対応していきます。

◆ 自分の特徴を発揮するカットだけでなく、台の近くでも幅の広い守備ができるようにしましょう。

＜練習のねらい＞
★3球目以降
ジュニア選手などはボールに威力がないので、連続攻撃で得点につなげることが難しい。したがってツッツキを混ぜてこちらのミスを誘うケースが多くなります。D型、つまりカット型は卓球台から3メートルくらい離れたところでの返球は得意ですが、台の近いところでプレーしているときに強打されると、返球が難しくなります。自分のツッツキが浮いてしまうと容易に強打されてしまうため、ボールが浮かないようになるべく低く深く返します。また、相手がミドルへスマッシュを打ってきたときは、少し下がってカットで返球しましょう。後ろに下がる余裕がない場合は、バックハンドのショート（前進回転）でミドルへの処理を行います。カット型はミドルへのボールを苦手としているため、ミドルへの対応もこの練習の重要な要素です。

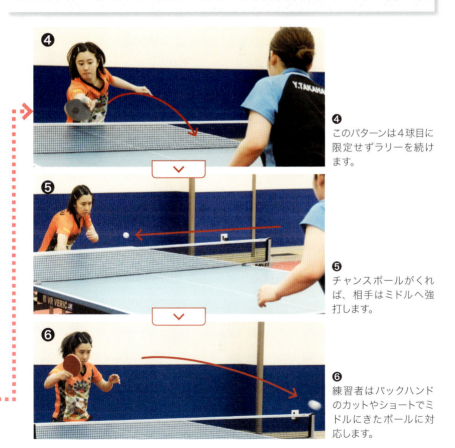

❹ このパターンは4球目に限定せずラリーを続けます。

❺ チャンスボールがくれば、相手はミドルへ強打します。

❻ 練習者はバックハンドのカットやショートでミドルにきたボールに対応します。

第7章まとめ

得点力を高め、対応力を磨く

戦型によって練習方法も変わってくる

　一つひとつの技のレベルを高めても、それを試合で発揮できなければ意味がありません。ラリーを続けるだけの「練習のための練習」ではなく、「試合のための練習」にしなければいけないのです。卓球には大きく分けて4つの戦型があります。それぞれの特徴を出せなければ、得点に結びつけることはできません。ですから、戦型によって練習方法も変わってくるのです。

　このシステム練習は各戦型に合わせた練習です。卓球の試合は、サーブから3球目でラリーの大半が終わってしまいます。ですから、サーブから3球目と5球目、レシーブ4球目が重要になってきます。各戦型によって、それを想定してパターン化したのがシステム練習なのです。

　サーブを出すときは、3球目、5球目で自分の特徴を出しやすい展開に持ち込むことを想定しています。得点力を高めるための練習です。レシーブから始める展開は、試合で相手から攻められやすい苦手な展開を想定し、対応力を磨くための練習です。

　ここでは基本的なパターンを紹介しましたが、さまざまな状況を想定し、システムを複雑化していきましょう。

第8章
指導者の役割

卓球が広く知られるようになり、日本のレベルも上がってきている現在、指導者の重要性は高まってきています。低年齢から競技を始めることも増えているだけに、指導者は目の前の試合に勝つという結果だけを求めず、将来を見据えた指導を心掛けることが大切です。

卓球の試合を理解する

試合のための練習にする

　近年、オリンピックや世界選手権での日本選手の活躍により、卓球の認知度はいまにないくらい高まってきました。小さいうちから卓球を始める子供たちも増え、競技の間口は広まっています。そして、日本のレベルも上がってきました。それだけに、指導者の教え方が大切になってきています。まずは指導者が卓球の試合とはどういうものか、ということを理解しないといけないでしょう。

　時代とともに卓球は進化し、より複雑になっています。ラリーのスピードはますます速くなり、新しい技も増えてきました。卓球の試合でのラリーは意外と少なく、サーブから3球目か5球目、レシーブから4球目か6球目で終わることが大半です。つまり、サーブからとレシーブからを合わせて6回のラリーなのです。それをいかに最高の6回にするのか。打球点の速さ、ボールの威力、コースの厳しさ、安定性の高さが重要になってきます。

　技には決める技、守る技、つなぐ技、仕掛ける技があります。技の役割、種類があることにも触れてきました。技には「こする」、「弾く」、「受け止める」、「相手の回転や威力を利用」、「流す」、「切る」、「切らない」という感覚もあります。スイングは肩を中心にした大きいLサイズから、指先を

卓球ブームの近年は指導者の重要性が高まっている

将来を見据えて指導する

試合の環境に慣れさせる

使うSSサイズと多様です。それらが、指導において大事になってきます。

ラリーを続けるだけの「練習のための練習」にしてはいけません。**指導者は試合で勝てる練習を考え、「試合のための練習」にしてほしいと思います。**

また、繰り返しになりますが、子供だからといって、勝つための必要最小限の技術だけを練習させる方法は良くないと思います。レベルが上がってきてから、そのほかの技術をつけ足していくのは非常にたいへんです。将来を見据えて、小さいときこそ難しい技にもチャレンジさせていきましょう。

近年、試合では、練習とは環境が大きく違ってきます。試合会場もふだんの練習場より広いことが多いですし、見ている人たちがいるなかで試合をすることになります。そして、ふだんはよく知っているチームメイトと練習していますが、試合では初対面の相手と対戦することが圧倒的に多いのです。

そうした試合の環境に慣れていないと、力を出せないままあっという間に試合は終わってしまいます。**選手が自分の力を発揮するためには、試合経験を多く積むことが大切です。**

「練習のための練習」ではなく「試合のための練習」にする

反省点を次の試合に活かす

計画を立てて準備する

　試合に出場すれば反省点が出てきます。サーブがうまく出せなかった選手、レシーブがうまく返球できなかった選手、ブロックがうまくできなかった選手など、いろんな反省ができるでしょう。フォアハンドとバックハンドの切り替え、前後のフットワークが悪かったという選手も出てきます。それらを次の試合に活かすため、指導者はそれぞれの練習を考えていくのです。

　試合に出なければ、上達の度合いもわかりません。そういったことの繰り返しが、選手の上達につながっていくのです。指導者は試合に向け、どのような計画を立てて準備をするのかを考えたいものです。

　また、指導者はあきさせない練習メニューをつくることも大事です。そのうえで、指導者が考える4つの区分があります。まず、技の練習は戦型によって違います。さらに、同じ戦型でも個人によって内容は変わってきます。A型でもツッツキがうまく打てない選手、台上プレーが苦手な選手では、システムの組み方が違うのです。

　技を覚えたら、今度は動きを入れながら安定して打てるようにしていきます。そして、サーブ＋3球目＋5球目の技と技の結合です。いろんな状況のなかで、技と技をうまく結合させなければミスをしてしまいます。こうして試合を想定し、逆算して練習計画を立てていくのです。試合が終わったら反省し、技、動き、システムの練習で次の試合に向かっていきます。

指導者は試合から逆算して練習計画を立てる

一つの「得意」をつくる

長所を伸ばす指導

　私が高校の監督を務めていたとき、就任4年目で全国総体団体で初優勝を果たしました。しかし、それから2度目の優勝まで15年間も遠ざかってしまいました。そのあとは12年間連続で決勝に進出、7回の優勝を成し遂げました。

　私の若いときの指導は選手の欠点ばかりが気になり、それを修正する練習になっていました。欠点を直すことはもちろん必要ですが、長所を伸ばしていかないといけません。**長所は得点力になりますから、それを高めなければ、選手のよさが消えてしまいます。**

　また、選手も欠点ばかりを指導者に指摘されると楽しくありません。学校の勉強でも、不得意科目にばかり長く取り組んでいると、いやになってしまいます。やはり、得意科目もやりたいものです。指導者はそうした面も考えなければなりません。

　卓球は「オール3」では勝ちづらいです。つまり、すべての技術が普通より**何か一つ、その選手が「これは得意」というものをつくる**ということを、指導者は頭に置いておきましょう。

試合の反省点からそれぞれの練習内容を考える

おわりに

　オリンピックや世界選手権での男女日本代表選手の活躍によって、いままで関心のなかった方々も卓球に興味を持ってもらえるようになりました。職場や茶の間でも話題に出て、それがきっかけで「卓球をやってみよう」、「しばらくやっていなかったけど、また始めてみよう」という人、さらには卓球をしたいという子供たちも増えています。そのようなタイミングで、卓球への導入となる書籍の企画はよかったと思います。

　卓球は、競技者として勝利を目指し厳しい練習を積むだけでなく、年齢や男女に関係なく楽しめるスポーツです。難しい面もありますが、卓球の楽しさをこの書籍を通じて知ってもらえたら幸いです。

　　　　　　　　　　　　　　　　　　　　近藤　欽司

撮影協力
株式会社サンリツ卓球部

協　力
日本卓球株式会社（Nittaku）

実　技

森園美月（もりぞの・みづき）

1996年4月9日生まれ。愛媛県出身。平成26年度全日本選手権ダブルス2位。平成28年度全日本社会人選手権シングルス優勝。

高橋結女（たかはし・ゆめ）

1993年8月24日生まれ。新潟県出身。平成26年度全日本大学選手権ダブルス優勝。

著者紹介

近藤 欽司（こんどう・きんじ）

1942年9月25日生まれ。愛知県出身。名古屋電気工業高校（現・愛工大名電高校）時代はインターハイ団体優勝と国体でも優勝を経験し、卒業後は実業団の日産自動車でも活躍。65年から白鵬女子高校（当時・京浜女子高校）の監督として41年連続でインターハイ出場を果たし、団体優勝を8度成し遂げたほか、個人でものちのトップレベルで活躍する選手を多数育成した。93年からは日本代表女子の監督も務め、オリンピック（2回）、世界選手権（7回）でもチームを率い、2001年世界選手権団体では18年ぶり、06年、08年大会でもメダルを獲得した。現在は実業団のサンリツで監督として指導にあたっている。

スタッフ

編集協力：平田 淳一（株式会社マーブルブックス）
写真：稲垣 學
本文・カバーデザイン：近藤 佳菜子（株式会社ティディールーム）

卓球の新しい教科書

2017年8月15日　第1刷発行

著　者　　近藤 欽司
発行者　　中村 誠
印刷所　　株式会社光邦
製本所　　株式会社光邦
発行所　　株式会社 日本文芸社
〒101-8407　東京都千代田区神田神保町1-7
TEL：03-3294-8931（営業）　03-3294-8920（編集）
http://www.nihonbungeisha.co.jp
Printed in Japan　112170731-112170731Ⓝ01
ISBN978-4-537-21492-5
Ⓒ Kinji Kondo 2017
編集担当：坂

乱丁・落丁などの不良品がありましたら、小社製作部宛にお送りください。
送料小社負担にておとりかえいたします。
法律で認められた場合を除いて、本書からの複写・転載（電子化を含む）は禁じられています。また、代行業者等の第三者による電子データ化及び電子書籍化は、いかなる場合も認められていません。